INGLÉS
SIN ESFUERZO

INGLÉS
SIN ESFUERZO

La manera fácil de aprender 1,000 palabras y frases claves

LOUIS AARONS, Ph.D.

New York Chicago San Francisco Lisbon London Madrid Mexico City
Milan New Delhi San Juan Seoul Singapore Sydney Toronto

The **McGraw·Hill** Companies

Library of Congress Cataloging-in-Publication Data

Aarons, Louis.
    Inglés sin esfuerzo : la manera fácil de aprender 1,000 palabras y frases claves /
Louis Aarons.
       p.   cm.
    ISBN 0-07-144359-2 (package)—ISBN 0-07-144360-6 (book)
    1. English language—Idioms—Dictionaries—Spanish.   2. English language—
Textbooks for foreign speakers—Spanish.   I. Title.
    I. Title.

    PE1129.S8A14   2005
    423'.61—dc22   2004048887

   3 4 5 6 7 8 9 10 11 12 13 14 15 16 17 18 FGR/FGR 0 9 8 7 (0-07-144360-6)
       5 6 7 8 9 10 11 12 13 14 15 16 17 18 SGC/SGC 0 9 8 7 (0-07-144359-2)

ISBN 978-0-07-144359-3 (package)
MHID   0-07-144359-2 (package)

ISBN 978-0-07-144360-9 (book)
MHID   0-07-144360-6 (book)

McGraw-Hill books are available at special quantity discounts to use as premiums and sales
promotions, or for use in corporate training programs. For more information, please write to the
Director of Special Sales, Professional Publishing, McGraw-Hill, Two Penn Plaza, New York, NY
10121-2298. Or contact your local bookstore.

This book is printed on acid-free paper.

Dedico este programa con mucho amor a
la memoria de mis queridos padres, Julia y Abraham
Aarons, quienes inculcaron en mí los méritos de la
erudición y la educación, ya mis nietos, Timothy,
Brendan, Samuel, y Sarah, quienes ocupan un lugar
especial en mi corazón.

Índice de materias

CD 3

Agradecimientos

LA METODOLOGÍA Y el programa de lenguaje no se hubieran realizado sin la ayuda de tantas magníficas personas, quienes merecen mucho más reconocimiento que el que pueda expresarse aquí. Agradezco, primeramente, a todos los estudiantes que participaron en la serie de experimentos que constituyeron las bases científicas para desarrollar los parámetros de esta metodología.

Reconozco con mucho agradecimiento las valiosísimas contribuciones de mis hijos Michael, David y John, y especialmente de mi esposa, Anne. Su idea de añadir las imágenes visuales a las presentaciones auditivas ha sido una parte esencial de la metodología. Su don verbal realza elementos críticos de los programas. El talento de John para la programación informática y su tormenta de ideas influyeron en todo. La tenacidad de David fue instrumental en la composición del texto, y sus ideas resaltaron las sutilezas de los programas. La maestría vocal de Michael reforzó la introducciones e instrucciones de los varios programas, y con su entusiasmo dio ímpetus al desarrollo de ellos.

Reconocimiento especial va para Eve y Herb Retzkin, Joyce y Steve Aarons, Vilma M. y Jules Aarons, Paul G. Juettner, Kathy Aarons, Sally J. Panno-Aarons, y David Greenbaum por su generosa ayuda con innumerables aspectos del programa. Juan de la Cruz, Alex Puga, y Karina Sánchez brindaron asistencia especial con el idioma español. La configuración final del programa no hubiera sido posible sin la asistencia de Karen S. Young. Agradezco el apoyo, la amistad y asistencia informática de mi difunto colega Jordan H. Lachman, M.D. Un profundo agradecimiento va para mi amigo David H. Witt, quien fue una fuente de aliento, crítica, y valiosa asesoría.

Instrucciones

AGRADECEMOS SU ADQUISICIÓN de *Inglés sin esfuerzo*. Este programa contiene listas de palabras agrupadas en distintas áreas temáticas. La mayoría de estas palabras aparecen también en diálogos breves.

La manera en que se presentan las palabras para acelerar su aprendizaje es a través de escucharlas estereofónicamente. Cada palabra se escucha dos veces; primero en español y en inglés, y después en inglés por medio de audífonos. El español se oye por el oído izquierdo y el inglés por el derecho. Asegúrese de que los audífonos estén ajustados correctamente. Escuche las palabras a un volumen cómodo, pero no muy fuerte.

Escuche el inglés por el oído derecho. La mayoría de las personas oirán las palabras en inglés más fácilmente: más alto o más claramente que las palabras en español. Las personas zurdas tal vez oirán el inglés mejor por el oído izquierdo; en este caso ellas deberán invertir la posición de los audífonos.

Puede o no oír las palabras en español mientras estudia. No trate de escucharlas—léalas. Escuche y ensaye las palabras en inglés.

Diga cada palabra en inglés en el momento en que la escuche y la vea—solamente leer la palabra no es suficiente. Es tan importante utilizar la boca y el oído como utilizar los ojos. Igualmente, repita las frases y las oraciones de los diálogos.

Cada lista se presenta en tres series de palabras en orden diferente. Después de las series de listas, oirá un tono—PARE el CD y examine su conocimiento por medio de pronunciar y escribir las palabras en inglés al lado de las correspondientes en español.

Verifique sus respuestas con la serie anterior de palabras. Si tiene algunas palabras incorrectas, puede estudiarlas otra vez. Debe repetir su estudio hasta que haya aprendido todas las palabras.

Trate de aprender dos o tres listas nuevas en una sesión o en un día. Descanse cinco minutos entre el estudio de diferentes series de palabras. En la sesión próxima, repase las listas pasadas, antes de comenzar el aprendizaje de una nueva lista.

Aumente la práctica de las palabras esuchando, leyendo y repitiendo los diálogos en voz alta.

La sintaxis da la estructura con la cual las palabras se agrupan para lograr la comunicación. El español y el inglés se diferencian en esta estructura. Tendrá que estar consciente de las diferencias entre estas dos lenguas al tratar de comunicarse en inglés. Aunque este programa contiene instrucciones más detalladas sobre el uso de la sintaxis en inglés, algunas diferencias importantes entre el inglés y el español son:

- Los géneros en inglés no se identifican con artículos ni con sufijos. Por ejemplo, en español se dice *el tío viejo* y *la tía vieja*. En cambio, en inglés se dice **the** *(el)* **old** (viejo) **uncle** *(tío)* y **the** *(la)* **old** *(vieja)* **aunt** *(tía)*.
- En inglés, la posesión se denota con un apóstrofo ('). Por ejemplo, *el hijo del hombre* se escribe **the man's** *(del hombre)* **son**.
- Los infinitivos de los verbos en inglés no se denotan con sufijos, sino por la palabra **to** y la forma presente del verbo. Por ejemplo, *hablar* = **to speak**, *comer* = **to eat**, y *vivir* = **to live**.
- Los sufijos de los verbos en inglés no cambian de la primera a la segunda persona, pero sí cambian en la tercera persona singular: *yo hablo* = **I speak**, *tú hablas* = **you speak**, pero *ella habla* = **she speaks**.

Le ofrecemos estas sugerencias sobre el uso de este programa:

- No intente escuchar las palabras en español. Está bien si lo escucha por casualidad, pero no intente dividir la recepción auditoria entre cada oído.

- Su pronunciación mejorará mucho si Ud. graba su propia pronunciación de las palabras y los diálogos en inglés para luego compararla con la de los CD de *Inglés sin esfuerzo*.
- El progreso que Ud. note de sus estudios será más aparente al principio del programa, y más adelante será más escaso. Cuando Ud. aprende diez palabras y después veinte palabras, ya ha aumentado su vocabulario por el doble. Después del aprendizaje inicial, el progreso podrá parecer más lento.
- Varios estudios psicológicos sobre el aprendizaje indican que una práctica distribuida en vez de una práctica amasada resulta en una memoria más duradera de la materia aprendida. Por ejemplo, si Ud alarga su aprendizaje con un día de descanso entre las lecciones, puede ser que su memoria haya mejorado.

Este programa le proporciona un vocabulario básico y algo de la sintaxis del inglés. Debe aumentar su aprendizaje como lo vea necesario y según lo que quiera lograr. Ser totalmente bilingüe requiere muchos años de estudio. Sin embargo, Ud. no tiene que ser bilingüe para empezar a comunicarse en inglés. Le ofrecemos algunas estrategias para aumentar su destreza en hablar inglés:

- Si no puede decir precisamente lo que Ud. quiere, escoja otra manera de decirlo. Por ejemplo, si no puede decir **I want to visit** *(visitar)* **the museum**, diga, **I want to go** *(ir)* **to the museum**.
- Utilice expresiones específicas. Algunas de éstas se pueden encontrar en los diálogos. Es una manera fácil de mejorar su destreza coloquial y de parecer "más bilingüe." Por ejemplo, **I don't know, but . . .** *(No sé, pero...)* o *Disculpe, pero no entiendo.* (Construya Ud. la frase en inglés.) El uso de tales expresiones disminuirá las pausas y le dará tiempo para que piense en lo que quiere decir.
- Vuelva a unas de las listas y de los diálogos principales para ver si aún es fácil recitarlos.
- Investigue otros textos de inglés básico—y verá Ud. que ya conoce mucho de la materia. Pero también habrán cosas que no se encuentran en este programa. Esta nueva materia ya se

puede aprender con más facilidad. Si es posible, compre varios
textos. Cada texto tiene sus aspectos positivos y sus aspectos
negativos. Con varios textos se pueden ver varios puntos de
vista sobre la misma materia, así que si se confunde con un
texto, puede consultar otro. Consiga otros CD u otras cintas
para suplementar o complementar a este programa. Los CD
son de suma importancia si Ud. estudia solo.

- Consiga unos libros para niños en inglés. Por el momento no es
  importante que no entienda todo.
- Compre un libro de frases en inglés y un diccionario para turis-
  tas, los cuales se pueden encontrar en la mayoría de librerías o
  en una biblioteca. Preste atención a cómo las palabras que Ud.
  ya conoce son incorporadas en otras frases.
- Escuche programas de radio y vea programas de televisión en
  inglés.
- Visite sitios donde se habla inglés, como un hotel o un sitio
  turístico. Trate de escuchar palabras o frases familiares; pero
  no espere poder entender la mayoría de las conversaciones
  entre angloparlantes.
- Vaya a ver una película en inglés, que no contenga ni una palabra en español y menos la traducción en subtítulos. No espere
  entender mucho todavía. Muchas veces los diálogos no son
  muy claros y contienen muchas expresiones idiomáticas.
- Vaya a comer a un restaurante inglés o norteamericano. Trate
  de ver cuánto entiende del menú, y si el mesero o la mesera es
  inglesa o norteamericana, intente pedir algo en inglés. O diga
  sólo algunas palabras y no se preocupe si se equivocal—es
  probable que lo ayuden y disfruten con sus esfuerzos.
- Compre un periódico en inglés para ver si puede entender las
  noticias. Examine las secciones del periódico que más le intere-
  sen—política, finanzas, deportes o lo que sea. Lea lo suficiente
  para entender el tema del artículo, y use un diccionario si lo
  necesita.
- Tome toda oportunidad de usar el inglés con angloparlantes. Si
  Ud. no conoce a ninguno, converse consigo mismo cuando
  pueda—por ejemplo, bañándose, caminando o manejando.

Recite sus diálogos grabados, piense en algún cuento en inglés o invente conversaciones.

- Si tiene una computadora con acceso al Internet, podrá comunicarse con personas estadounidenses. America Online ofrece una página donde se habla en inglés dentro de la sección Educación, en Bistro. Visite otros sitios útiles del Internet para más información.

- Compre un diccionario para aumentar su vocabulario. Algunos diccionarios buenos aparecen en los "Recursos" de este libro. Siempre escriba cada palabra en inglés que Ud. vea o lea pero que no entienda. Haga una lista de estas palabras en tarjetas de índice. Busque las palabras en su diccionario y escriba las palabras equivalentes en español. Lleve las tarjetas consigo y estudie las palabras cuando espere el tren o el autobús, o cuando las condiciones lo permitan.

Espere encontrar algunas dificultades con el acento del idioma. No toda la gente hablará como hablan en el CD o en la radio, o como su instructor. También puede haber diferencias en el significado de la misma palabra entre las varias nacionalidades que hablan inglés. Otros problemas pueden presentarse cuando se usa el teléfono. Sin ver a la otra persona, no sólo perdemos las frecuencias más altas de la voz humana, sino también los indicios que nos da el movimiento de la boca al pronunciar las palabras.

Sea realista; no espere comunicarse como un angloparlante. Hay que vivir por muchos años en un país donde se habla inglés para dominar el lenguaje. Decida Ud. cuánta destreza desea obtener y cuánto tiempo puede dedicar a obtenerla. Recuerde que la práctica es clave en el aprendizaje del inglés.

La guía de la pronunciación

EL ALFABETO INGLÉS tiene veintiséis letras: a, b, c, d, e, f, g, h, i, j, k, l, m, n, o, p, q, r, s, t, u, v, w, x, y, z.

Algunos sonidos del inglés no existen en español. Por ejemplo, el primer sonido de la palabra inglesa **she** (*ella*), así como el de la vocal de **bad** (*malo*). También algunas letras se pronuncian en forma muy diferente. Por ejemplo, la palabra *hay* en español suena más o menos como el inglés **high** (*alto*), pero no el inglés **hay** (*heno*).

Los sonidos del inglés que se pronuncian como en el español:

father	firma
pet	mesa
meat	cita
boot	minuto
no	bote
barber	barbero
fan	falda
car	casa
go	gato
hot	jugo
lip	libro
mama	mano
no	no
pin	pan

chair	chico
son	sur
tin	tu

Los sonidos del inglés que se pronuncian de manera diferente:

sit	(sentar)
hat	(sombrero)
sausage	(salchicha)
buy	(comprar)
ship	(barco)
then	(entonces; como en lado)
full	(lleno)
but	(pero)
date	(fecha)
very	(muy)
think	(pensar)
we	(nosotros)

Empiece el CD y escuche la pronunciación:

a	father, car
e	pet, bed
ea	meat, easy
oo	tool, tooth
o	no, low
i	sit, hit
au	sausage, bought
u	full, fool
u	but, up
a	date, May

b	big, buy
j	judge, job
v	very, vacation
sh	ship, she
th	think, third
th	then, this
w	we, what

El acento inglés

Cuando se dicen palabras de dos o tres sílabas en inglés, el acento por lo común cae en la primera. Por ejemplo, **COlor** (*color*), **DOCtor** (*doctor*), **TELephone** (*teléfono*). Pero, hay excepciones: **to rePEAT** (*repetir*), **toDAY** (*hoy*).

CD 1

Expresiones e identificación
Expressions and Identification

Lista 1-1

sí	yes
¡estupendo!	great!
despacio	slowly
por favor	please
perdone	excuse me
está bien	that's good

Lista 1-2

por favor	please
despacio	slowly
está bien	that's good
sí	yes
¡estupendo!	great!
perdone	excuse me

Lista 1-3

despacio	slowly
¡estupendo!	great!
está bien	that's good
perdone	excuse me
por favor	please
sí	yes

Examen 1

despacio	*slowly*
¡estupendo!	*great*
está bien	*that good*
perdone	*epecse me*
por favor	*please*
sí	*yes*

Pare el CD al tono y examinese.

Lista 2-1

gracias	thank you
exacto	that's right
lo siento	I'm sorry
de nada	you're welcome
repita eso	repeat that
escríbalo	write it down
lápiz	pencil

Lista 2-2

lo siento	I'm sorry
repita eso	repeat that
escríbalo	write it down
lápiz	pencil
gracias	thank you
exacto	that's right
de nada	you're welcome

Lista 2-3

repita eso	repeat that
escríbalo	write it down
exacto	that's right
lo siento	I'm sorry
de nada	you're welcome
lápiz	pencil
gracias	thank you

Examen 2

repita eso	_____
escríbalo	_____
exacto	_____
lo siento	_____
de nada	_____
lápiz	_____
gracias	_____

Lista 3-1

seguro	**insurance**
billete	**ticket**
apellido	**last name**
nombre	**first name**
dirección	**address**
firma	**signature**
vacaciones	**vacation**
negocio	**business**

Lista 3-2

firma	**signature**
dirección	**address**
negocio	**business**
vacaciones	**vacation**
billete	**ticket**
seguro	**insurance**
nombre	**first name**
apellido	**last name**

Lista 3-3

vacaciones	**vacation**
firma	**signature**
billete	**ticket**
seguro	**insurance**
apellido	**last name**
nombre	**first name**
negocio	**business**
dirección	**address**

Examen 3

vacaciones	_____
firma	_____
billete	_____
seguro	_____
apellido	_____
nombre	_____
negocio	_____
dirección	_____

Tiempo y números
Time and Numbers

Lista 4-1

año	**year**
mes	**month**
primavera	**spring**
verano	**summer**
otoño	**autumn**
invierno	**winter**
hoy	**today**
¿qué?	**what?**
fecha	**date**

Lista 4-2

invierno	**winter**
otoño	**autumn**
hoy	**today**
fecha	**date**
¿qué?	**what?**
mes	**month**
año	**year**
verano	**summer**
primavera	**spring**

Lista 4-3

fecha	**date**
invierno	**winter**
año	**year**
primavera	**spring**
otoño	**autumn**
¿qué?	**what?**
verano	**summer**
hoy	**today**
mes	**month**

Examen 4

fecha	_____
invierno	_____
año	_____
primavera	_____
otoño	_____
¿qué?	_____
verano	_____
hoy	_____
mes	_____

Lista 5-1

día	day
hora	hour
semana	week
lunes	Monday
martes	Tuesday
miércoles	Wednesday
jueves	Thursday
viernes	Friday
sábado	Saturday
domingo	Sunday

Lista 5-2

jueves	Thursday
miércoles	Wednesday
sábado	Saturday
viernes	Friday
domingo	Sunday
día	day
semana	week
hora	hour
martes	Tuesday
lunes	Monday

Lista 5-3

semana	week
día	day
martes	Tuesday
hora	hour
lunes	Monday
jueves	Thursday
sábado	Saturday
miércoles	Wednesday
domingo	Sunday
viernes	Friday

Examen 5

semana	_____
día	_____
martes	_____
hora	_____
lunes	_____
jueves	_____
sábado	_____
miércoles	_____
domingo	_____
viernes	_____

Lista 6-1

1	one
2	two
3	three
4	four
5	five
6	six
7	seven
8	eight
9	nine
10	ten

Lista 6-2

7	seven
6	six
9	nine
8	eight
10	ten
1	one
3	three
2	two
5	five
4	four

Lista 6-3

3	three
1	one
5	five
2	two
4	four
7	seven
9	nine
6	six
10	ten
8	eight

Examen 6

3	_____
1	_____
5	_____
2	_____
4	_____
7	_____
9	_____
6	_____
10	_____
8	_____

Lista 7-1

11	eleven
12	twelve
13	thirteen
14	fourteen
15	fifteen
16	sixteen
17	seventeen
18	eighteen
19	nineteen
20	twenty

Lista 7-2

17	seventeen
16	sixteen
19	nineteen
18	eighteen
20	twenty
11	eleven
13	thirteen
12	twelve
15	fifteen
14	fourteen

Lista 7-3

13	thirteen
11	eleven
15	fifteen
12	twelve
14	fourteen
17	seventeen
19	nineteen
16	sixteen
20	twenty
18	eighteen

Examen 7

13	_____
11	_____
15	_____
12	_____
14	_____
17	_____
19	_____
16	_____
20	_____
18	_____

Lista 8-1

30	thirty
40	forty
50	fifty
60	sixty
70	seventy
80	eighty
90	ninety
100	one hundred
1000	one thousand
0	zero

Lista 8-2

90	ninety
80	eighty
1000	one thousand
100	one hundred
0	zero
30	thirty
50	fifty
40	forty
70	seventy
60	sixty

Lista 8-3

50	fifty
30	thirty
70	seventy
40	forty
60	sixty
90	ninety
1000	one thousand
80	eighty
0	zero
100	one hundred

Examen 8

50	_____
30	_____
70	_____
40	_____
60	_____
90	_____
1000	_____
80	_____
0	_____
100	_____

Lista 9-1

enero	January
febrero	February
marzo	March
abril	April
mayo	May
junio	June
julio	July
agosto	August
septiembre	September
octubre	October
noviembre	November
diciembre	December

Lista 9-2

junio	June
mayo	May
abril	April
diciembre	December
septiembre	September
agosto	August
noviembre	November
marzo	March
julio	July
febrero	February
octubre	October
enero	January

Lista 9-3

septiembre	September
julio	July
noviembre	November
junio	June
febrero	February
abril	April
octubre	October
marzo	March
diciembre	December
enero	January
mayo	May
agosto	August

Examen 9

septiembre	_____
julio	_____
noviembre	_____
junio	_____
febrero	_____
abril	_____
octubre	_____
marzo	_____
diciembre	_____
enero	_____
mayo	_____
agosto	_____

Diálogo 1A

A: ¿Cuál es la fecha de hoy?

B: Es el dieciséis.

A: ¿Sí, pero qué día de la semana, mes y año?

B: Hoy es miércoles, el día dieciséis de junio, de mil novecientos noventa y nueve.

A: Exacto. ¿Puede escribirlo, por favor? Gracias.

A: What's today's date?

B: It's the sixteenth.

A: Yes, but what day of the week, month, and year?

B: Today is Wednesday, June 16, 1999.

A: That's right. Please, can you write it down? Thank you.

Diálogo 1B

A: Perdone, ¿Qué hora es?

B: Son las cinco. No, las cinco y diez.

A: Por favor, repita eso.

B: Son las cinco y diez.

A: ¿Cómo se llama? Su nombre y su apellido. Lo siento, no comprendo. ¿Puede escribirlo?

A: Excuse me, what time is it?

B: It's five o'clock. No, ten past five.

A: Please repeat that.

B: It's ten past five.

A: What is your name? Your first name and your last name. I'm sorry, I don't understand. Can you write it down?

Personas, lugares y comer
People, Places, and Eating

Lista 10-1

soltero	**single**
casado	**married**
esposa	**wife**
marido	**husband**
hijo	**son**
cigarrillo	**cigarette**
bebida	**drink**
hija	**daughter**
novio	**boyfriend**
cita	**appointment**

Lista 10-2

bebida	**drink**
cigarrillo	**cigarette**
novio	**boyfriend**
hija	**daughter**
cita	**appointment**
soltero	**single**
esposa	**wife**
casado	**married**
hijo	**son**
marido	**husband**

Lista 10-3

esposa	**wife**
soltero	**single**
hijo	**son**
casado	**married**
marido	**husband**
bebida	**drink**
novio	**boyfriend**
cigarrillo	**cigarette**
cita	**appointment**
hija	**daughter**

Examen 10

esposa	_____
soltero	_____
hijo	_____
casado	_____
marido	_____
bebida	_____
novio	_____
cigarrillo	_____
cita	_____
hija	_____

Lista 11-1

hablar	**to speak**
escribir	**to write**
tener	**to have**
vivir	**to live**
ser	**to be**
poder	**to be able**
norte	**north**
sur	**south**
este	**east**
oeste	**west**

Lista 11-2

norte	**north**
poder	**to be able**
este	**east**
sur	**south**
oeste	**west**
hablar	**to speak**
tener	**to have**
escribir	**to write**
ser	**to be**
vivir	**to live**

Lista 11-3

tener	**to have**
hablar	**to speak**
ser	**to be**
escribir	**to write**
vivir	**to live**
norte	**north**
este	**east**
poder	**to be able**
oeste	**west**
sur	**south**

Examen 11

tener	_____
hablar	_____
ser	_____
escribir	_____
vivir	_____
norte	_____
este	_____
poder	_____
oeste	_____
sur	_____

Lista 12-1

querer	**to want**
necesitar	**to need**
ver	**to see**
comer	**to eat**
fumar	**to smoke**
museo	**museum**
mercado	**market**
baño	**toilet**
playa	**beach**
correo	**post office**

Lista 12-2

mercado	**market**
museo	**museum**
playa	**beach**
baño	**toilet**
correo	**post office**
querer	**to want**
ver	**to see**
necesitar	**to need**
fumar	**to smoke**
comer	**to eat**

Lista 12-3

ver	**to see**
querer	**to want**
fumar	**to smoke**
necesitar	**to need**
comer	**to eat**
mercado	**market**
playa	**beach**
museo	**museum**
correo	**post office**
baño	**toilet**

Examen 12

ver	_____
querer	_____
fumar	_____
necesitar	_____
comer	_____
mercado	_____
playa	_____
museo	_____
correo	_____
baño	_____

Lista 13-1

cerca	near
lejos	far
banco	bank
café	café
peluquero	barber
parque	park
buzón	mailbox
izquierda	left
derecha	right
derecho	straight on

Lista 13-2

buzón	mailbox
parque	park
derecha	right
izquierda	left
derecho	straight on
cerca	near
banco	bank
lejos	far
peluquero	barber
café	café

Lista 13-3

banco	bank
cerca	near
peluquero	barber
lejos	far
café	café
buzón	mailbox
derecha	right
parque	park
derecho	straight on
izquierda	left

Examen 13

banco	_____
cerca	_____
peluquero	_____
lejos	_____
café	_____
buzón	_____
derecha	_____
parque	_____
derecho	_____
izquierda	_____

Lista 14-1

allí	there
aquí	here
aeropuerto	airport
restaurante	restaurant
cruce	crossroad
iglesia	church
lavandería	laundry
cine	movie
hospital	hospital
ir	to go

Lista 14-2

lavandería	laundry
iglesia	church
hospital	hospital
cine	movie
ir	to go
allí	there
aeropuerto	airport
aquí	here
cruce	crossroad
restaurante	restaurant

Lista 14-3

aeropuerto	airport
allí	there
cruce	crossroad
aquí	here
restaurante	restaurant
lavandería	laundry
hospital	hospital
iglesia	church
ir	to go
cine	movie

Examen 14

aeropuerto	_____
allí	_____
cruce	_____
aquí	_____
restaurante	_____
lavandería	_____
hospital	_____
iglesia	_____
ir	_____
cine	_____

Diálogo 2A

A: Perdone. ¿Cómo se llega al correo y al banco?

A: Excuse me, how do I get to the post office and the bank?

B: La primera a la izquierda y entonces derecho.

B: First left and then straight ahead.

A: ¿Hay una peluquería cerca?

A: Is there a barber nearby?

B: Sí, cerca del banco.

B: Yes, near the bank.

A: Por favor, ¿puede repetir eso?

A: Please, can you repeat that?

B: Sí, cerca del banco.

B: Yes, near the bank.

A: Gracias.

A: Thank you.

Diálogo 2B

A: Es usted soltero?

A: Are you single?

B: Soy casado. Le presento a mi esposa.

B: I am married. This is my wife.

A: Por favor, hable despacio.

A: Please, speak slowly.

B: ¿Tiene hijos?

B: Do you have any children?

A: Tengo un hijo y tres hijas. Le presento a mi hijo. Se llama David. Me llamo Luis.

A: I have a son and three daughters. This is my son. His name is David. My name is Louis.

Lista 15-1

panadería	bakery
carnicería	butcher (shop)
farmacia	pharmacy
frutería	Vegetable store
heladería	ice-cream store
almacén	department store
semáforo	traffic light
gasolinera	gas station
piscina	swimming pool
tintorería	dry cleaner

Lista 15-2

semáforo	traffic light
almacén	department store
piscina	swimming pool
gasolinera	gas station
tintorería	dry cleaner
panadería	bakery
farmacia	pharmacy
carnicería	butcher (shop)
heladería	ice-cream store
frutería	Vegetable store

Lista 15-3

farmacia	pharmacy
panadería	bakery
heladería	ice-cream store
carnicería	butcher (shop)
frutería	Vegetable store
semáforo	traffic light
piscina	swimming pool
almacén	department store
tintorería	dry cleaner
gasolinera	gas station

Examen 15

farmacia	_____
panadería	_____
heladería	_____
carnicería	_____
frutería	_____
semáforo	_____
piscina	_____
almacén	_____
tintorería	_____
gasolinera	_____

Lista 16-1

desayuno	breakfast
comida	lunch
cena	dinner
café	coffee
hay	there is (are)
pan	bread
mantequilla	butter
mermelada	jam
huevo	egg
cuenta	bill

Lista 16-2

mantequilla	butter
pan	bread
huevo	egg
mermelada	jam
cuenta	bill
desayuno	breakfast
cena	dinner
comida	lunch
hay	there is (are)
café	coffee

Lista 16-3

cena	dinner
desayuno	breakfast
hay	there is (are)
comida	lunch
café	coffee
mantequilla	butter
huevo	egg
pan	bread
cuenta	bill
mermelada	jam

Examen 16

cena	_____
desayuno	_____
hay	_____
comida	_____
café	_____
mantequilla	_____
huevo	_____
pan	_____
cuenta	_____
mermelada	_____

Diálogo 3A

A: Perdone, ¿cómo se llega a un café?

B: Todo derecho.

A: Quiero desayunar—pan y huevos. ¿Hay un parque cerca?

B: Sí a la derecha.

A: ¿Hay un almacén allí?

B: No, lo siento.

A: Está bien. Quiero ver el parque.

A: Excuse me, how do I get to a café?

B: Straight ahead.

A: I want to eat breakfast— bread and eggs. Is there a park nearby?

B: Yes, to the right.

A: Is there a department store there?

B: No, I'm sorry.

A: That's okay. I want to see the park.

Diálogo 3B

A: Por favor, ¿tiene una lista de restaurantes?

B: Lo siento, no.

A: ¿Se puede fumar aquí?

B: Lo siento, no.

A: Está bien. ¿Hay un baño cerca?

B: Sí, allá a la derecha.

A: Gracias.

B: De nada.

A: Please, have you got a list of restaurants?

B: I'm sorry, no.

A: May one smoke here?

B: I'm sorry, no.

A: That's okay. Is there a toilet nearby?

B: Yes, there to the right.

A: Thank you.

B: You're welcome.

Alojamiento
Lodging

Lista 17-1

casa	house
habitación	room
cama	bed
ducha	shower
catre	cot
baño	bathroom
noche	night
llave	key
cobija	blanket
almohada	pillow

Lista 17-2

noche	night
baño	bathroom
cobija	blanket
llave	key
almohada	pillow
casa	house
cama	bed
habitación	room
catre	cot
ducha	shower

Lista 17-3

cama	bed
casa	house
catre	cot
habitación	room
ducha	shower
noche	night
cobija	blanket
baño	bathroom
almohada	pillow
llave	key

Examen 17

cama	_____
casa	_____
catre	_____
habitación	_____
ducha	_____
noche	_____
cobija	_____
baño	_____
almohada	_____
llave	_____

Lista 18-1

tranquilo	quiet
vaso	glass
jabón	soap
¡pase!	come in!
toalla	towel
cenicero	ashtray
recibo	receipt
depósito	deposit
agua	water
equipaje	luggage

Lista 18-2

recibo	receipt
cenicero	ashtray
agua	water
depósito	deposit
equipaje	luggage
tranquilo	quiet
jabón	soap
vaso	glass
toalla	towel
¡pase!	come in!

Lista 18-3

jabón	soap
tranquilo	quiet
toalla	towel
vaso	glass
¡pase!	come in!
recibo	receipt
agua	water
cenicero	ashtray
equipaje	luggage
depósito	deposit

Examen 18

jabón	_____
tranquilo	_____
toalla	_____
vaso	_____
¡pase!	_____
recibo	_____
agua	_____
cenicero	_____
equipaje	_____
depósito	_____

Lista 19-1

teléfono	telephone
tienda	store
cocina	kitchen
electricidad	electricity
plancha	iron (clothes)
escoba	broom
refrigerador	refrigerator
abrelatas	can opener
foco	light bulb
lavadora	washer

Lista 19-2

refrigerador	refrigerator
escoba	broom
foco	light bulb
abrelatas	can opener
lavadora	washer
teléfono	telephone
cocina	kitchen
tienda	store
plancha	iron (clothes)
electricidad	electricity

Lista 19-3

cocina	kitchen
teléfono	telephone
plancha	iron
tienda	store
electricidad	electricity
refrigerador	refrigerator
foco	light bulb
escoba	broom
lavadora	washer
abrelatas	can opener

Examen 19

cocina	_____
teléfono	_____
plancha	_____
tienda	_____
electricidad	_____
refrigerador	_____
foco	_____
escoba	_____
lavadora	_____
abrelatas	_____

Lista 20-1

cuchillo	knife
tenedor	fork
cuchara	spoon
plato	plate
servilleta	napkin
sartén	frying pan
fregadero	sink
basura	garbage
estar	to be
ciudad	town (city)

Lista 20-2

fregadero	sink
sartén	frying pan
estar	to be
basura	garbage
ciudad	town (city)
cuchillo	knife
cuchara	spoon
tenedor	fork
servilleta	napkin
plato	plate

Lista 20-3

cuchara	spoon
cuchillo	knife
servilleta	napkin
tenedor	fork
plato	plate
fregadero	sink
estar	to be
sartén	frying pan
ciudad	town (city)
basura	garbage

Examen 20

cuchara	_____
cuchillo	_____
servilleta	_____
tenedor	_____
plato	_____
fregadero	_____
estar	_____
sartén	_____
ciudad	_____
basura	_____

Diálogo 4A

A: Quiero una habitación
tranquila con dos camas y
un baño.

B: Por favor, ¡pase!

A: Me voy a quedar para tres
noches. ¿Hay un restau-
rante?

B: Sí.

A: ¿A qué hora es la cena?

B: Desde las siete en
adelante.

A: ¡Estupendo! Quiero ver la
habitación.

A: I would like a quiet room
with two beds and a
bathroom.

B: Please, come in!

A: It's for three nights. Is
there a restaurant?

B: Yes.

A: What time is dinner?

B: From seven o'clock
onwards.

A: Great! I want to see the
room.

Diálogo 4B

A: Estoy en ciudad, ¿puedo
reservar una habitación?

B: ¿Para cuántas noches es?

A: Es para una semana.
Quiero una cama doble y
una regadera.

B: ¿Quiere ver la habitación?

A: No, gracias, ¿pero tiene
una cocina con
refrigerador?

A: I am in town, may I
reserve a room?

B: How many nights is it
for?

A: It's for one week. I would
like a double bed and a
shower.

B: Do you want to see the
room?

A: No, thank you, but does
it have a kitchen with a
refrigerator?

Farmacia
Pharmacy

Lista 21-1

aspirinas	**aspirins**
venda	**bandage**
picadura	**sting**
quemadura	**burn**
catarro	**cold**
estreñimiento	**constipation**
tos	**cough**
torcedura	**sprain**
gripe	**flu**
diarrea	**diarrhea**

Lista 21-2

tos	**cough**
estreñimiento	**constipation**
gripe	**flu**
torcedura	**sprain**
diarrea	**diarrhea**
aspirinas	**aspirins**
picadura	**sting**
venda	**bandage**
catarro	**cold**
quemadura	**burn**

Lista 21-3

picadura	**sting**
aspirinas	**aspirins**
catarro	**cold**
venda	**bandage**
quemadura	**burn**
tos	**cough**
gripe	**flu**
estreñimiento	**constipation**
diarrea	**diarrhea**
torcedura	**sprain**

Examen 21

picadura	_____
aspirinas	_____
catarro	_____
venda	_____
quemadura	_____
tos	_____
gripe	_____
estreñimiento	_____
diarrea	_____
torcedura	_____

Lista 22-1

papel del baño	**toilet paper**
pluma	**pen**
pasta de dientes	**toothpaste**
desodorante	**deodorant**
suave	**soft**
comprar	**to buy**
obtener	**to get**
¿dónde?	**where?**
¿cuánto?	**how much?**
algo	**something**

Lista 22-2

obtener	**to get**
comprar	**to buy**
¿cuánto?	**how much?**
¿dónde?	**where?**
algo	**something**
papel del baño	**toilet paper**
pasta de dientes	**toothpaste**
pluma	**pen**
suave	**soft**
desodorante	**deodorant**

Lista 22-3

pasta de dientes	**toothpaste**
papel del baño	**toilet paper**
suave	**soft**
pluma	**pen**
desodorante	**deodorant**
obtener	**to get**
¿cuánto?	**how much?**
comprar	**to buy**
algo	**something**
¿dónde?	**where?**

Examen 22

pasta de dientes	_____
papel del baño	_____
suave	_____
pluma	_____
desodorante	_____
obtener	_____
¿cuánto?	_____
comprar	_____
algo	_____
¿dónde?	_____

Lista 23-1

periódico	newspaper
sobres	envelopes
guía	guidebook
mapa	map
paraguas	umbrella
cámara	camera
tarjetas postales	postcards
lentes obscuros	sunglasses
cerillos	matches
maleta	suitcase

Lista 23-2

tarjetas postales	postcards
cámara	camera
cerillos	matches
lentes obscuros	sunglasses
maleta	suitcase
periódico	newspaper
guía	guidebook
sobres	envelopes
paraguas	umbrella
mapa	map

Lista 23-3

guía	guidebook
periódico	newspaper
paraguas	umbrella
sobres	envelopes
mapa	map
tarjetas postales	postcards
cerillos	matches
cámara	camera
maleta	suitcase
lentes obscuros	sunglasses

Examen 23

guía	_____
periódico	_____
paraguas	_____
sobres	_____
mapa	_____
tarjetas postales	_____
cerillos	_____
cámara	_____
maleta	_____
lentes obscuros	_____

Diálogo 5A

A: ¿Dónde puedo obtener algo para el catarro? ¿Dónde está la farmacia?

B: Está lejos, está en la ciudad.

A: Gracias, está bien. Necesito unos lápices, una pluma y paste de dientes. También, quiero algo para la tos.

A: Where can I get something for a cold? Where is the drugstore?

B: It's far, it's in the town.

A: Thank you, that's good. I need some pencils, a pen, and toothpaste. Also, I want something for a cough.

Diálogo 5B

A: ¿Dónde puedo comprar una cámara?

B: En la farmacia del almacén.

A: Gracias. También necesito cigarrillos, cerillas, un periódico y un mapa de la ciudad.

B: Puede comprar todo en la farmacia.

A: Where can I buy a camera?

B: In the pharmacy at the department store.

A: Thank you. I also need cigarettes, matches, a newspaper, and a map of the town.

B: You can buy everything at the pharmacy.

Ropa
Clothing

Lista 24-1

sombrero	**hat**
abrigo	**coat**
gorro	**cap**
cinturón	**belt**
pantalones	**pants**
camisa	**shirt**
pantalones de mezclilla	**jeans**
calcetines	**socks**
traje	**suit**
camiseta	**T-shirt**

Lista 24-2

pantalones de mezclilla	**jeans**
camisa	**shirt**
traje	**suit**
calcetines	**socks**
camiseta	**T-shirt**
sombrero	**hat**
gorro	**cap**
abrigo	**coat**
pantalones	**pants**
cinturón	**belt**

Lista 24-3

gorro	**cap**
sombrero	**hat**
pantalones	**pants**
abrigo	**coat**
cinturón	**belt**
pantalones de mezclilla	**jeans**
traje	**suit**
camisa	**shirt**
camiseta	**T-shirt**
calcetines	**socks**

Examen 24

gorro	_____
sombrero	_____
pantalones	_____
abrigo	_____
cinturón	_____
pantalones de mezclilla	_____
traje	_____
camisa	_____
camiseta	_____
calcetines	_____

Lista 25-1

bata	**bathrobe**
blusa	**blouse**
sostenes	**bras**
bragas	**panties**
medias	**stockings**
camisón	**nightgown**
falda	**skirt**
vestido	**dress**
chaqueta	**jacket**
impermeable	**raincoat**

Lista 25-2

falda	**skirt**
camisón	**nightgown**
chaqueta	**jacket**
vestido	**dress**
impermeable	**raincoat**
bata	**bathrobe**
sostenes	**bras**
blusa	**blouse**
medias	**stockings**
bragas	**panties**

Lista 25-3

sostenes	**bras**
bata	**bathrobe**
medias	**stockings**
blusa	**blouse**
bragas	**panties**
falda	**skirt**
chaqueta	**jacket**
camisón	**nightgown**
impermeable	**raincoat**
vestido	**dress**

Examen 25

sostenes	_____
bata	_____
medias	_____
blusa	_____
bragas	_____
falda	_____
chaqueta	_____
camisón	_____
impermeable	_____
vestido	_____

Colores
Colors

Lista 26-1

negro	**black**
blanco	**white**
gris	**gray**
rojo	**red**
amarillo	**yellow**
azul	**blue**
verde	**green**
rosa	**pink**
café	**brown**
anaranjado	**orange**

Lista 26-2

verde	**green**
azul	**blue**
café	**brown**
rosa	**pink**
anaranjado	**orange**
negro	**black**
gris	**gray**
blanco	**white**
amarillo	**yellow**
rojo	**red**

Lista 26-3

gris	**gray**
negro	**black**
amarillo	**yellow**
blanco	**white**
rojo	**red**
verde	**green**
café	**brown**
azul	**blue**
anaranjado	**orange**
rosa	**pink**

Examen 26

gris	_____
negro	_____
amarillo	_____
blanco	_____
rojo	_____
verde	_____
café	_____
azul	_____
anaranjado	_____
rosa	_____

Lista 27-1

basta	enough
más	more
menos	less
mejor	better
más barato	cheaper
diferente	different
más grande	larger
más pequeño	smaller
abierto	open
cerrado	closed

Lista 27-2

más grande	larger
diferente	different
abierto	open
más pequeño	smaller
cerrado	closed
basta	enough
menos	less
más	more
más barato	cheaper
mejor	better

Lista 27-3

menos	less
basta	enough
más barato	cheaper
más	more
mejor	better
más grande	larger
abierto	open
diferente	different
cerrado	closed
más pequeño	smaller

Examen 27

menos	_____
basta	_____
más barato	_____
más	_____
mejor	_____
más grande	_____
abierto	_____
diferente	_____
cerrado	_____
más pequeño	_____

Comida
Food

Lista 28-1

pastas	**pastries**
pastel	**cake**
pedazo	**piece**
helado	**ice cream**
barquillo	**cone (ice cream)**
chocolate	**chocolate**
vainilla	**vanilla**
fresa	**strawberry**
frambuesa	**raspberry**
¿cuándo?	**when?**

Lista 28-2

vainilla	**vanilla**
chocolate	**chocolate**
frambuesa	**raspberry**
fresa	**strawberry**
¿cuándo?	**when?**
pastas	**pastries**
pastel	**cake**
pedazo	**piece**
barquillo	**cone (ice cream)**
helado	**ice cream**

Lista 28-3

pedazo	**piece**
pastas	**pastries**
barquillo	**cone (ice cream)**
pastel	**cake**
helado	**ice cream**
vainilla	**vanilla**
frambuesa	**raspberry**
chocolate	**chocolate**
¿cuándo?	**when?**
fresa	**strawberry**

Examen 28

pedazo	_____
pastas	_____
barquillo	_____
pastel	_____
helado	_____
vainilla	_____
frambuesa	_____
chocolate	_____
¿cuándo?	_____
fresa	_____

Lista 29-1

congelados	frozen foods
chicle	chewing gum
queso	cheese
pescado	fish
servir	to serve
carne	meat
leche	milk
sal	salt
azúcar	sugar
autoservicio	self-service

Lista 29-2

leche	milk
carne	meat
azúcar	sugar
sal	salt
autoservicio	self-service
congelados	frozen foods
queso	cheese
chicle	chewing gum
servir	to serve
pescado	fish

Lista 29-3

queso	cheese
congelados	frozen foods
servir	to serve
chicle	chewing gum
pescado	fish
leche	milk
azúcar	sugar
carne	meat
autoservicio	self-service
sal	salt

Examen 29

queso	_____
congelados	_____
servir	_____
chicle	_____
pescado	_____
leche	_____
azúcar	_____
carne	_____
autoservicio	_____
sal	_____

Lista 30-1

mantequería	delicatessen
entrada	entrance
salida	exit
caja	check-out
fiambres	cold cuts
mariscos	seafood
salchicha	sausage
atún	tuna
jamón	ham
galletas	biscuits

Lista 30-2

salchicha	sausage
mariscos	seafood
jamón	ham
atún	tuna
galletas	biscuits
mantequería	delicatessen
salida	exit
entrada	entrance
fiambres	cold cuts
caja	check-out

Lista 30-3

salida	exit
mantequería	delicatessen
fiambres	cold cuts
entrada	entrance
caja	check-out
salchicha	sausage
jamón	ham
mariscos	seafood
galletas	biscuits
atún	tuna

Examen 30

salida	_____
mantequería	_____
fiambres	_____
entrada	_____
caja	_____
salchicha	_____
jamón	_____
mariscos	_____
galletas	_____
atún	_____

Lista 31-1

legumbres	**vegetables**
zanahorias	**carrots**
chícharos	**peas**
maíz	**corn**
frijoles	**beans**
papas	**potatoes**
tomates	**tomatoes**
lechuga	**lettuce**
espinaca	**spinach**
espárrago	**asparagus**

Lista 31-2

tomates	**tomatoes**
papas	**potatoes**
espinaca	**spinach**
lechuga	**lettuce**
espárrago	**asparagus**
legumbres	**vegetables**
chícharos	**peas**
zanahorias	**carrots**
frijoles	**beans**
maíz	**corn**

Lista 31-3

chícharos	**peas**
legumbres	**vegetables**
frijoles	**beans**
zanahorias	**carrots**
maíz	**corn**
tomates	**tomatoes**
espinaca	**spinach**
papas	**potatoes**
espárrago	**asparagus**
lechuga	**lettuce**

Examen 31

chícharos	_____
legumbres	_____
frijoles	_____
zanahorias	_____
maíz	_____
tomates	_____
espinaca	_____
papas	_____
espárragos	_____
lechuga	_____

Examen de repaso 1

La capacidad de la memoria entre las personas es diferente. Las palabras que no son usadas pueden ser olvidadas, pero se pueden aprender otra vez rápidamente. Su aprendizaje será mejor, si repasa las palabras de los ejercicios y si estudia otra vez las palabras olvidadas.

Dos palabras de cada ejercicio están en las páginas siguientes. Escriba las palabras en inglés por las palabras en español y verifique sus repuestas. Aprenda otra vez cada lista, si ambas palabras están incorrectas. Si solamente una palabra está mal, mire la lista y vea si necesita estudiarla otra vez.

Estas palabras serán mantenidas en su memoria y su fluidez en el idioma aumentará usando estas palabras en el idioma inglés.

Lista	Examen	Respuesta
1	despacio	_____
	perdone	_____
2	lo siento	_____
	escríbalo	_____
3	firma	_____
	negocio	_____
4	verano	_____
	invierno	_____
5	viernes	_____
	martes	_____
6	5	_____
	7	_____
7	11	_____
	20	_____

Lista	Examen	Respuesta
8	50	_____
	100	_____
9	enero	_____
	marzo	_____
10	bebida	_____
	marido	_____
11	sur	_____
	este	_____
12	ver	_____
	mercado	_____
13	parque	_____
	lejos	_____
14	cine	_____
	lavandería	_____
15	panadería	_____
	carnicería	_____
16	mermelada	_____
	mantequilla	_____
17	ducha	_____
	llave	_____
18	equipaje	_____
	recibo	_____
19	escoba	_____
	cocina	_____
20	cuchara	_____
	cuchillo	_____
21	estreñimiento	_____
	gripe	_____

Lista	Examen	Respuesta
22	desodorante	_____
	comprar	_____
23	guía	_____
	tarjetas postales	_____
24	abrigo	_____
	cinturón	_____
25	falda	_____
	blusa	_____
26	anaranjado	_____
	amarillo	_____
27	más barato	_____
	basta	_____
28	helado	_____
	pedazo	_____
29	pescado	_____
	sal	_____
30	fiambres	_____
	mariscos	_____
31	lechuga	_____
	espinaca	_____

CD 2

Lista 32-1

fruta	**fruit**
manzanas	**apples**
naranjas	**oranges**
peras	**pears**
plátanos	**bananas**
duraznos	**peaches**
uvas	**grapes**
cerezas	**cherries**
ciruelas	**plums**
toronja	**grapefruit**

Lista 32-2

uvas	**grapes**
duraznos	**peaches**
ciruelas	**plums**
cerezas	**cherries**
toronja	**grapefruit**
fruta	**fruit**
naranjas	**oranges**
manzanas	**apples**
plátanos	**bananas**
peras	**pears**

Lista 32-3

naranjas	**oranges**
fruta	**fruit**
plátanos	**bananas**
manzanas	**apples**
peras	**pears**
uvas	**grapes**
ciruelas	**plums**
duraznos	**peaches**
toronja	**grapefruit**
cerezas	**cherries**

Examen 32

naranjas	_____
fruta	_____
plátanos	_____
manzanas	_____
peras	_____
uvas	_____
ciruelas	_____
duraznos	_____
toronja	_____
cerezas	_____

Diálogo 6A

A: ¿En qué puedo servirle?

B: Quiero comer frutas y legumbres. Necesito comprar manzanas, uvas, plátanos, zanahorias, chícharos y papas. Perdone, ¿dónde está la caja y la salida?

B: Allí, a la derecha.

A: Gracias.

A: Can I help you?

B: I'd like to eat fruits and vegetables. I need to buy apples, grapes, bananas, carrots, peas, and potatoes. Excuse me, where is the check-out and the exit?

A: There, to the right.

B: Thank you.

Diálogo 6B

A: Quiero unos pasteles y un helado. Por favor, un pedazo de pastel de chocolate y un barquillo de fresa.

B: ¿Algo más?

A: No, gracias. ¿A qué hora cierran?

B: Dentro de media hora.

A: I'd like some pastries and ice cream. Please, a piece of chocolate cake and a strawberry cone.

B: Anything else?

A: No, thank you. When do you close?

B: In half an hour.

Lista 33-1

carne de res	**beef**
borrego	**lamb**
puerco	**pork**
ternera	**veal**
bistec	**steak**
hígado	**liver**
pavo	**turkey**
chuletas	**pork chops**
pollo	**chicken**
conejo	**rabbit**

Lista 33-2

pavo	**turkey**
hígado	**liver**
pollo	**chicken**
chuletas	**pork chops**
conejo	**rabbit**
carne de res	**beef**
puerco	**pork**
borrego	**lamb**
bistec	**steak**
ternera	**veal**

Lista 33-3

puerco	**pork**
carne de res	**beef**
bistec	**steak**
borrego	**lamb**
ternera	**veal**
pavo	**turkey**
pollo	**chicken**
hígado	**liver**
conejo	**rabbit**
chuletas	**pork chops**

Examen 33

puerco	_____
carne de res	_____
bistec	_____
borrego	_____
ternera	_____
pavo	_____
pollo	_____
hígado	_____
conejo	_____
chuletas	_____

Lista 34-1

seco	dry
dulce	sweet
botella	bottle
con hielo	with ice
sandwich	sandwich
sopa	soup
caliente	hot
tocino	bacon
aperitivos	appetizers
natillas	custard

Lista 34-2

caliente	hot
sopa	soup
aperitivos	appetizers
tocino	bacon
natillas	custard
seco	dry
botella	bottle
dulce	sweet
sandwich	sandwich
con hielo	with ice

Lista 34-3

botella	bottle
seco	dry
sandwich	sandwich
dulce	sweet
con hielo	with ice
caliente	hot
aperitivos	appetizers
sopa	soup
natillas	custard
tocino	bacon

Examen 34

botella	_____
seco	_____
sandwich	_____
dulce	_____
con hielo	_____
caliente	_____
aperitivos	_____
sopa	_____
natillas	_____
tocino	_____

Diálogo 7A

A: Mesero, quiero un vaso de limonada con hielo por favor.

B: ¿Quiere un sandwich también?

A: Sí, un sandwich de salami con un poco de sopa caliente. La cuenta por favor. ¿Cuánto es?

B: Seis dólares.

A: Gracias.

B: De nada.

A: Waiter, I'd like a glass of lemonade with ice please.

B: Would you also like a sandwich?

A: Yes, a salami sandwich and some hot soup. The bill please. How much is it?

B: Six dollars.

A: Thank you.

B: You're welcome.

Diálogo 7B

A: Mesera, ¿tiene los aperitivos?

B: Sí, ¿algo más?

A: Queremos dos cervezas y dos sandwiches de jamón. ¿Cuánto es?

B: Siete dólares.

A: ¿Está incluido el servicio?

B: Sí.

A: Waitress, do you have appetizers?

B: Yes, anything else?

A: We'd like two beers and two ham sandwiches. How much is it?

B: Seven dollars.

A: Is service included?

A: Yes.

El cuerpo humano y la enfermedad
The Human Body and Illness

Lista 35-1

oído (oreja)	ear
ojo	eye
cabeza	head
quijada	jaw
cuello	neck
garganta	throat
brazo	arm
espalda	back
hombro	shoulder
muñeca	wrist

Lista 35-2

brazo	arm
garganta	throat
hombro	shoulder
espalda	back
muñeca	wrist
oído (oreja)	ear
cabeza	head
ojo	eye
cuello	neck
quijada	jaw

Lista 35-3

cabeza	head
oído (oreja)	ear
cuello	neck
ojo	eye
quijada	jaw
brazo	arm
hombro	shoulder
garganta	throat
muñeca	wrist
espalda	back

Examen 35

cabeza	_____
oído,(oreja)	_____
cuello	_____
ojo	_____
quijada	_____
brazo	_____
hombro	_____
garganta	_____
muñeca	_____
espalda	_____

Lista 36-1

pie	foot
talón	heel
estómago	stomach
pulmón	lung
dentadura	dentures
empaste	filling
dentista	dentist
enfermo	ill
mareado	dizzy
débil	weak

Lista 36-2

dentista	dentist
empaste	filling
mareado	dizzy
enfermo	ill
débil	weak
pie	foot
estómago	stomach
talón	heel
dentadura	denture
pulmón	lung

Lista 36-3

estómago	stomach
pie	foot
dentadura	denture
talón	heel
pulmón	lung
dentista	dentist
mareado	dizzy
empaste	filling
débil	weak
enfermo	ill

Examen 36

estómago	_____
pie	_____
dentadura	_____
talón	_____
pulmón	_____
dentista	_____
mareado	_____
empaste	_____
débil	_____
enfermo	_____

Lista 37-1

con fiebre	**feverish**
dolor	**pain**
píldoras	**pills**
embarazada	**pregnant**
medicina	**medicine**
agudo	**sharp**
leve	**slight**
corazón	**heart**
médico	**doctor**
tomar	**to take**

Lista 37-2

leve	**slight**
agudo	**sharp**
médico	**doctor**
corazón	**heart**
tomar	**to take**
con fiebre	**feverish**
píldoras	**pills**
dolor	**pain**
medicina	**medicine**
embarazada	**pregnant**

Lista 37-3

píldoras	**pills**
con fiebre	**feverish**
medicina	**medicine**
dolor	**pain**
embarazada	**pregnant**
leve	**slight**
médico	**doctor**
agudo	**sharp**
tomar	**to take**
corazón	**heart**

Examen 37

píldoras	_____
con fiebre	_____
medicina	_____
dolor	_____
embarazada	_____
leve	_____
médico	_____
agudo	_____
tomar	_____
corazón	_____

Apuros
Difficulties

Lista 38-1

director	**manager**
bolsa	**purse**
dinero	**money**
perder	**to lose**
cartera	**wallet**
joyas	**jewelry**
ayudar	**to help**
pulsera	**bracelet**
todo	**everything**
robar	**to steal**

Lista 38-2

ayudar	**to help**
joyas	**jewelry**
todo	**everything**
pulsera	**bracelet**
robar	**to steal**
director	**manager**
dinero	**money**
bolsa	**purse**
cartera	**wallet**
perder	**to lose**

Lista 38-3

dinero	**money**
director	**manager**
cartera	**wallet**
bolsa	**purse**
perder	**to lose**
ayudar	**to help**
todo	**everything**
joyas	**jewelry**
robar	**to steal**
pulsera	**bracelet**

Examen 38

dinero	_____
director	_____
cartera	_____
bolsa	_____
perder	_____
ayudar	_____
todo	_____
joyas	_____
robar	_____
pulsera	_____

Diálogo 8A

A: Hoy perdí mi cámara y mi bolsa con todo adentro. ¿Dónde está la estación de policía?

A: Today I lost my camera and purse with everything inside it. Where is the police station?

B: Allá, derecho y entonces a la izquierda del museo, cerca de la iglesia.

B: Over there, straight ahead and then to the left of the museum, near the church.

A: También, me duele la espalda. Es un dolor agudo. Por favor, ¿dónde hay un médico?

A: Also, I have a pain in my back. It's a sharp pain. Please, where is a doctor?

Diálogo 8B

A: Por favor ayúdeme. Compré una pulsera el martes. Ahora he perdido mi pulsera y mi cartera. También, alguien me ha robado mi dinero. Estoy enferma, tengo dolor de cabeza y necesito medicina.

A: Please help me. I bought a bracelet on Tuesday. Now I have lost my bracelet and my wallet. Also, someone has stolen my money. I'm ill, I have a headache, and need medicine.

B: Tiene que ir al hospital, y después a la estación de policía.

B: You must go to the hospital, then to the police station.

Correo
Mail

Lista 39-1

carta	**letter**
estampilla	**stamp**
correo	**mail**
enviar	**to send**
local	**local**
al extranjero	**abroad**
telegrama	**telegram**
cobrar	**to charge**
cambiar	**to change**
cheque	**check**

Lista 39-2

telegrama	**telegram**
al extranjero	**abroad**
cambiar	**to change**
cobrar	**to charge**
cheque	**check**
carta	**letter**
correo	**mail**
estampilla	**stamp**
local	**local**
enviar	**to send**

Lista 39-3

correo	**mail**
carta	**letter**
local	**local**
estampilla	**stamp**
enviar	**to send**
telegrama	**telegram**
cambiar	**to change**
al extranjero	**abroad**
cheque	**check**
cobrar	**to charge**

Examen 39

correo	_____
carta	_____
local	_____
estampilla	_____
enviar	_____
telegrama	_____
cambiar	_____
al extranjero	_____
cheque	_____
cobrar	_____

Transportación y entretenimiento
Transportation and Entertainment

Lista 40-1

coche	car
lleno	full
llantas	tires
faros	lights
batería	battery
frenos	brakes
aceite	oil
alquilar	to rent
mirar	to look
arreglar	to repair

Lista 40-2

aceite	oil
frenos	brakes
mirar	to look
alquilar	to rent
arreglar	to repair
coche	car
llantas	tires
lleno	full
batería	battery
faros	lights

Lista 40-3

llantas	tires
coche	car
batería	battery
lleno	full
faros	lights
aceite	oil
mirar	to look
frenos	brakes
arreglar	to repair
alquilar	to rent

Examen 40

llantas	_____
coche	_____
batería	_____
lleno	_____
faros	_____
aceite	_____
mirar	_____
frenos	_____
arreglar	_____
alquilar	_____

Lista 41-1

tren	train
autobús	bus
parada	stop
barco	boat
andén	platform
horario	timetable
precio	cost
asiento	seat
llegada	arrival
salida	departure

Lista 41-2

precio	cost
horario	timetable
llegada	arrival
asiento	seat
salida	departure
tren	train
parada	stop
autobús	bus
andén	platform
barco	boat

Lista 41-3

parada	stop
tren	train
andén	platform
autobús	bus
barco	boat
precio	cost
llegada	arrival
horario	timetable
salida	departure
asiento	seat

Examen 41

parada	_____
tren	_____
andén	_____
autobús	_____
barco	_____
precio	_____
llegada	_____
horario	_____
salida	_____
asiento	_____

Diálogo 9A

A: Quiero enviar una carta. Por favor, ¿dónde hay un buzón?

B: El buzón está derecho al semáforo.

A: ¿Puedo alquilar un coche aquí?

B: Sí.

A: ¿Puede escribir el precio por día y el precio del seguro? Gracias.

A: I'd like to send a letter. Please, where is a mailbox?

B: The mailbox is straight ahead at the traffic signal.

A: Can I rent a car here?

B: Yes.

A: Can you write down the daily charge and the cost of insurance? Thank you.

Diálogo 9B

A: ¿Me puede ayudar? Arregle los frenos de mi coche; deme un estimado del precio.

B: Sí, el precio es cerca de ochenta y cinco dólares.

A: Quiero cambiar este cheque.

B: Lo siento, no cambiamos cheques.

A: ¿A qué hora llega el tren?

B: El tren llega en media hora, a las dos.

A: Can you help me? Repair my car's brakes; estimate the cost.

B: Yes, the cost is about eighty-five dollars.

A: I'd like to cash this check.

B: I'm sorry, we don't cash checks.

A: At what time does the train arrive?

B: The train arrives in half an hour, at two o'clock.

Información pública
Public Information

Lista 42-1

entrar	to enter
esperar	to wait
venir	to come
sentar	to sit
claro	of course
licencia	license
ascensor	elevator
carretera	highway
desvío	detour
excusados	toilets

Lista 42-2

ascensor	elevator
licencia	license
desvío	detour
carretera	highway
excusados	toilets
entrar	to enter
venir	to come
esperar	to wait
claro	of course
sentar	to sit

Lista 42-3

venir	to come
entrar	to enter
claro	of course
esperar	to wait
sentar	to sit
ascensor	elevator
desvío	detour
licencia	license
excusados	toilets
carretera	highway

Examen 42

venir	_____
entrar	_____
claro	_____
esperar	_____
sentar	_____
ascensor	_____
desvío	_____
licencia	_____
excusados	_____
carretera	_____

Básico
Basic

Lista 43-1

creer	to believe
nadar	to swim
estacionar	to park
bailar	to dance
decir	to say
venta	sale
adultos	adults
niños	children
equipo	equipment
peaje	toll

Lista 43-2

adultos	adults
venta	sale
equipo	equipment
niños	children
peaje	toll
creer	to believe
estacionar	to park
nadar	to swim
decir	to say
bailar	to dance

Lista 43-3

estacionar	to park
creer	to believe
decir	to say
nadar	to swim
bailar	to dance
adultos	adults
equipo	equipment
venta	sale
peaje	toll
niños	children

Examen 43

estacionar	_____
creer	_____
decir	_____
nadar	_____
bailar	_____
adultos	_____
equipo	_____
venta	_____
peaje	_____
niños	_____

Lista 44-1

cuidado	care
cargador	porter
empuje	push
escuela	school
peatón	pedestrian
peligro	danger
precaución	caution
privado	private
dar	to give
sentir	to feel

Lista 44-2

precaución	caution
peligro	danger
dar	to give
privado	private
sentir	to feel
cuidado	care
empuje	push
cargador	porter
peatón	pedestrian
escuela	school

Lista 44-3

empuje	push
cuidado	care
peatón	pedestrian
cargador	porter
escuela	school
precaución	caution
dar	to give
peligro	danger
sentir	to feel
privado	private

Examen 44

empuje	_____
cuidado	_____
peatón	_____
cargador	_____
escuela	_____
precaución	_____
dar	_____
peligro	_____
sentir	_____
privado	_____

Lista 45-1

mediodía	**noon**
medianoche	**midnight**
mañana	**morning**
tarde	**afternoon**
ayer	**yesterday**
pasado	**last**
próximo	**next**
primero	**first**
segundo	**second**
tercero	**third**

Lista 45-2

próximo	**next**
pasado	**last**
segundo	**second**
primero	**first**
tercero	**third**
mediodía	**noon**
mañana	**morning**
medianoche	**midnight**
ayer	**yesterday**
tarde	**afternoon**

Lista 45-3

mañana	**morning**
mediodía	**noon**
ayer	**yesterday**
medianoche	**midnight**
tarde	**afternoon**
próximo	**next**
segundo	**second**
pasado	**last**
tercero	**third**
primero	**first**

Examen 45

mañana	_____
mediodía	_____
ayer	_____
medianoche	_____
tarde	_____
próximo	_____
segundo	_____
pasado	_____
tercero	_____
primero	_____

Diálogo 10A

A: Perdone por favor. Quiero nadar. ¿De dónde sale el autobús para ir a la playa?

B: Aquí, andén uno.

A: ¿A qué hora sale y cuándo llega a la playa?

B: Sale a las once de la mañana y llega al mediodía.

A: Gracias.

A: Excuse me please. I'd like to swim. Where does the bus leave for the beach?

B: Here, platform one.

A: When does it leave and when does it arrive at the beach?

B: It leaves at eleven o'clock in the morning and it arrives at noon.

A: Thank you.

Diálogo 10B

A: Perdone por favor. ¿Se puede estacionar aquí y mirar alrededor?

B: Claro, pero tenga cuidado.

A: ¿Se pueden conseguir bebidas y algo de comer?

B: No creo, lo siento.

A: Está bien.

A: Excuse me please. Can I park here and look around?

B: Of course, but be careful.

A: Can one get a drink and something to eat?

B: I don't think so, I'm sorry.

A: That's okay.

El transporte
Transportation

Lista 46-1

avión	**airplane**
camión	**truck**
bicicleta	**bicycle**
motocicleta	**motorcycle**
barco	**ship**
taxi	**taxi**
tranvía	**streetcar**
metro	**subway**
yate	**yacht**
velero	**sailboat**

Lista 46-2

tranvía	**streetcar**
taxi	**taxi**
yate	**yacht**
metro	**subway**
velero	**sailboat**
avión	**airplane**
bicicleta	**bicycle**
camión	**truck**
barco	**ship**
motocicleta	**motorcycle**

Lista 46-3

bicicleta	**bicycle**
avión	**airplane**
barco	**ship**
camión	**truck**
motocicleta	**motorcycle**
tranvía	**streetcar**
yate	**yacht**
taxi	**taxi**
velero	**sailboat**
metro	**subway**

Examen 46

bicicleta	_____
avión	_____
barco	_____
camión	_____
motocicleta	_____
tranvía	_____
yate	_____
taxi	_____
velero	_____
metro	_____

El clima
Weather

Lista 47-1

lluvia	**rain**
nieve	**snow**
tormenta	**storm**
viento	**wind**
nublado	**cloudy**
frío	**cold**
mojado	**wet**
polvoriento	**dusty**
soleado	**sunny**
despejado	**clear**

Lista 47-2

mojado	**wet**
frío	**cold**
soleado	**sunny**
polvoriento	**dusty**
despejado	**clear**
lluvia	**rain**
tormenta	**storm**
nieve	**snow**
nublado	**cloudy**
viento	**wind**

Lista 47-3

tormenta	**storm**
lluvia	**rain**
nublado	**cloudy**
nieve	**snow**
viento	**wind**
mojado	**wet**
soleado	**sunny**
frío	**cold**
despejado	**clear**
polvoriento	**dusty**

Examen 47

tormenta	_____
lluvia	_____
nublado	_____
nieve	_____
viento	_____
mojado	_____
soleado	_____
frío	_____
despejado	_____
polvoriento	_____

Básico
Basic

Lista 48-1

viaje	**trip**
rápido	**fast**
lento	**slow**
en	**in**
familia	**family**
bueno	**good**
malo	**bad**
realmente	**really**
a	**to**
parientes	**relatives**

Lista 48-2

malo	**bad**
bueno	**good**
a	**to**
realmente	**really**
parientes	**relatives**
viaje	**trip**
lento	**slow**
rápido	**fast**
familia	**family**
en	**in**

Lista 48-3

lento	**slow**
viaje	**trip**
familia	**family**
rápido	**fast**
en	**in**
malo	**bad**
a	**to**
bueno	**good**
parientes	**relatives**
realmente	**really**

Examen 48

lento	_____
viaje	_____
familia	_____
rápido	_____
en	_____
malo	_____
a	_____
bueno	_____
parientes	_____
realmente	_____

Verbos en tiempo presente
Verbs in the Present Tense

(tomar—to take, comer—to eat, vivir—to live)

Lista 49-1

tomo	I take
toma	you take
tomamos	we take
toman	they take
como	I eat
come	you eat
comemos	we eat
comen	they eat
vivo	I live
vive	you live
vivimos	we live
viven	they live

Lista 49-2

como	I eat
come	you eat
comemos	we eat
comen	they eat
vivo	I live
vive	you live
vivimos	we live
viven	they live
tomo	I take
toma	you take
tomamos	we take
toman	they take

Lista 49-3

vivo	I live
vive	you live
vivimos	we live
viven	they live
tomo	I take
toma	you take
tomamos	we take
toman	they take
como	I eat
come	you eat
comemos	we eat
comen	they eat

Examen 49

vivo	_____
vive	_____
vivimos	_____
viven	_____
tomo	_____
toma	_____
tomamos	_____
toman	_____
como	_____
come	_____
comemos	_____
comen	_____

Diálogo 11A

A: Queremos tomar un viaje.	A: We want to take a trip.
B: ¿Adónde quieren ir?	B: Where do you want to go?
A: San Francisco y Los Ángeles. Quiero visitar a mi familia en San Francisco y mi amiga quiere visitar a sus parientes en Los Ángeles.	A: San Francisco and Los Angeles. I want to visit my family in San Francisco and my friend wants to visit her relatives in Los Angeles.
B: Toman un avión en la mañana a San Francisco, y después en la tarde, un autobús lento a Los Ángeles.	B: You take an airplane in the morning to San Francisco, then in the afternoon, a slow bus to Los Angeles.
A: Gracias.	A: Thank you.
B: De nada.	B: You're welcome.

Diálogo 11B

A: Cuando el tiempo está mal—frío, húmedo y nublado—llegamos a las once de la mañana. Vamos a comer y entonces vamos a tomar un taxi rápido al hotel.	A: When the weather is bad—cold, humid, and cloudy—we will arrive at eleven o'clock in the morning. We'll eat and then we'll take a fast taxi to the hotel.
B: Pero en la tarde, el tiempo está bien—asoleado, caliente y despejado.	B: But in the afternoon, the weather is good—sunny, warm, and clear.
A: Y en la noche va a llover.	A: And in the evening it will rain.

(estar—to be, ser—to be, preferir—to prefer)

Lista 50-1

estoy	I am
está	you are
estamos	we are
están	they are
soy	I am
es	he is
somos	we are
son	they are
prefiero	I prefer
prefiere	you prefer
preferimos	we prefer
prefieren	they prefer

Lista 50-2

soy	I am
es	you are
somos	we are
son	they are
prefiero	I prefer
prefiere	you prefer
preferimos	we prefer
prefieren	they prefer
estoy	I am
está	she is
estamos	we are
están	they are

Lista 50-3

prefiero	I prefer
prefiere	you prefer
preferimos	we prefer
prefieren	they prefer
estoy	I am
está	he is
estamos	we are
están	they are
soy	I am
es	she is
somos	we are
son	they are

Examen 50

prefiero	_____
prefiere	_____
preferimos	_____
prefieren	_____
estoy	_____
está	_____
estamos	_____
están	_____
soy	_____
es	_____
somos	_____
son	_____

(pensar—to think, saber, conocer—to know)

Lista 51-1		**Lista 51-2**	
pienso	I think	sé	I know
piensa	you think	sabe	you know
pensamos	we think	sabemos	we know
piensan	they think	saben	they know
sé	I know	conozco	I know
sabe	you know	conoce	you know
sabemos	we know	conocemos	we know
saben	they know	conocen	they know
conozco	I know	pienso	I think
conoce	you know	piensa	you think
conocemos	we know	pensamos	we think
conocen	they know	piensan	they think

Lista 51-3		**Examen 51**	
conozco	I know	conozco	_____
conoce	you know	conoce	_____
conocemos	we know	conocemos	_____
conocen	they know	conocen	_____
pienso	I think	pienso	_____
piensa	you think	piensa	_____
pensamos	we think	pensamos	_____
piensan	they think	piensan	_____
sé	I know	sé	_____
sabe	you know	sabe	_____
sabemos	we know	sabemos	_____
saben	they know	saben	_____

(poder—**to be able**; y otros verbos irregulares en primer persona—some other irregular first-person verbs)

Lista 52-1

puedo	**I can**
puede	**you can**
podemos	**we can**
pueden	**they can**
mostrar	**to show**
poner	**to put**
pongo	**I put**
digo	**I say**
doy	**I give**
veo	**I see**

Lista 52-2

poner	**to put**
pongo	**I put**
mostrar	**to show**
veo	**I see**
doy	**I give**
digo	**I say**
puedo	**I can**
puede	**you can**
podemos	**we can**
pueden	**they can**

Lista 52-3

digo	**I say**
pongo	**I put**
poner	**to put**
puedo	**I can**
puede	**you can**
podemos	**we can**
pueden	**they can**
veo	**I see**
mostrar	**to show**
doy	**I give**

Examen 52

digo	_____
pongo	_____
poner	_____
puedo	_____
puede	_____
podemos	_____
pueden	_____
veo	_____
mostrar	_____
doy	_____

(ir—to go, venir—to come, querer—to want)

Lista 53-1

voy	**I go**
va	**you go**
vamos	**we go**
van	**they go**
vengo	**I come**
viene	**you come**
venimos	**we come**
vienen	**they come**
quiero	**I want**
quiere	**you want**
queremos	**we want**
quieren	**they want**

Lista 53-2

vengo	**I come**
viene	**you come**
venimos	**we come**
vienen	**they come**
quiero	**I want**
quiere	**you want**
queremos	**we want**
quieren	**they want**
voy	**I go**
va	**you go**
vamos	**we go**
van	**they go**

Lista 53-3

quiero	**I want**
quiere	**you want**
queremos	**we want**
quieren	**they want**
voy	**I go**
va	**you go**
vamos	**we go**
van	**they go**
vengo	**I come**
viene	**you come**
venimos	**we come**
vienen	**they come**

Examen 53

quiero	_____
quiere	_____
queremos	_____
quieren	_____
voy	_____
va	_____
vamos	_____
van	_____
vengo	_____
viene	_____
venimos	_____
vienen	_____

La familia y los parientes
Family and Relatives

Lista 54-1

tía	aunt
tío	uncle
padre	father
madre	mother
hermano	brother
hermana	sister
primo	cousin
abuela	grandmother
abuelo	grandfather
sobrino	nephew

Lista 54-2

primo	cousin
hermana	sister
abuelo	grandfather
abuela	grandmother
sobrino	nephew
tía	aunt
padre	father
tío	uncle
hermano	brother
madre	mother

Lista 54-3

padre	father
tía	aunt
hermano	brother
tío	uncle
madre	mother
primo	cousin
abuelo	grandfather
hermana	sister
sobrino	nephew
abuela	grandmother

Examen 54

padre	_____
tía	_____
hermano	_____
tío	_____
madre	_____
primo	_____
abuelo	_____
hermana	_____
sobrino	_____
abuela	_____

Diálogo 12A

A: Luis, ¿va a llamar a su familia?

B: Prefiero realmente llamar primero a mi tía Rosa.

A: Está bien, la conozco.

B: Hola, tía Rosa, soy su sobrino, Luis. ¿Cómo está usted?

C: Estoy muy bien, ¿dónde estás?

B: Aquí, en San Francisco. ¿Puede venir a la casa de mi familia esta noche?

C: Claro.

A: Louis, are you going to call your family?

B: I really prefer to first call my aunt Rose.

A: Good, I know her.

B: Hello, aunt Rose, I am your nephew, Louis. How are you?

C: I am very well, where are you?

B: Here, in San Francisco. Are you able to come to my family's house tonight?

C: Of course.

Diálogo 12B

A: ¿Cuál es la dirección de la casa de su familia?

B: Viven en el numero diez y siete en la calle Juan. ¿Quiere venir conmigo a verlos?

A: Sí, claro, que quiero conocer a su madre, a su padre y a su hermano.

B: ¿Cuándo quiere ir, esta noche o el sábado?

A: Vamos ahora.

B: No, mejor vamos esta noche.

A: What is the address of your family's house?

B: They live at number seventeen on John Street. Do you want to come with me to see them?

A: Yes, of course, I want to meet your mother, father, and brother.

B: When do you want to go tonight or Saturday?

A: Let's go now.

B: No, it's better we go tonight.

Básico
Basic

Lista 55-1

amigo	**friend**
gente	**people**
ahora	**now**
por	**by**
feliz	**happy**
triste	**sad**
fuera	**out**
llamada	**call**
arriba	**up**
abajo	**down**

Lista 55-2

fuera	**out**
triste	**sad**
arriba	**up**
llamada	**call**
abajo	**down**
amigo	**friend**
ahora	**now**
gente	**people**
feliz	**happy**
por	**by**

Lista 55-3

ahora	**now**
amigo	**friend**
feliz	**happy**
gente	**people**
por	**by**
fuera	**out**
arriba	**up**
triste	**sad**
abajo	**down**
llamada	**call**

Examen 55

ahora	_____
amigo	_____
feliz	_____
gente	_____
por	_____
fuera	_____
arriba	_____
triste	_____
abajo	_____
llamada	_____

Las partes de la casa
Parts of the House

Lista 56-1

techo	roof
recámara	bedroom
sala	living room
comedor	dining room
cuarto	room
suelo	floor
ventana	window
puerta	door
pasillo	hall
escalera	stairway

Lista 56-2

ventana	window
suelo	floor
pasillo	hall
puerta	door
escalera	stairway
techo	roof
sala	living room
recámara	bedroom
cuarto	room
comedor	dining room

Lista 56-3

sala	living room
techo	roof
cuarto	room
recámara	bedroom
comedor	dining room
ventana	window
pasillo	hall
suelo	floor
escalera	stairway
puerta	door

Examen 56

sala	_____
techo	_____
cuarto	_____
recámara	_____
comedor	_____
ventana	_____
pasillo	_____
suelo	_____
escalera	_____
puerta	_____

Diálogo 13A

A: Son las ocho de la noche y está lloviendo. Necesitamos impermeables.

B: Primero tomamos un tranvía y después el metro que va a la calle Juan. Ahora estamos en la casa de mi familia y llamo a la puerta. Mi abuela abre la puerta y entramos. Veo a mi madre y a mi padre sentados en la sala.

Diálogo 13B

A: Luis, estoy muy feliz que estás aquí, ¿y quién es la señorita?

B: Le presento a mi amiga Anne. Anne, Julia, mi madre.

A: Mucho gusto.

B: ¿Dónde está Arturo?

A: Tu hermano está de viaje esta semana, pero tu tía Rosa y tu primo Juan están esperando en el comedor para la cena.

A: It's eight o'clock at night and it's raining. We need raincoats.

B: First we take a streetcar and then the subway that goes to John Street. Now we are at my family's house and I knock on the door. My grandmother opens the door and we enter. I see my mother and father sitting in the living room.

A: Louis, I am very happy that you are here, and who is the young lady?

B: I introduce my friend Anne. Anne, Julia, my mother.

A: Delighted to meet you.

B: Where is Arthur?

A: Your brother is away this week, but your aunt Rose and cousin John are waiting in the dining room for dinner.

Examen de repaso 2

Lista	Examen	Respuesta
32	naranjas	_____
	cerezas	_____
33	hígado	_____
	bistec	_____
34	dulce	_____
	seco	_____
35	oído (oreja)	_____
	ojo	_____
36	pie	_____
	estómago	_____
37	píldoras	_____
	agudo	_____
38	ayudar	_____
	cartera	_____
39	estampilla	_____
	correo	_____
40	coche	_____
	alquilar	_____
41	salida	_____
	llegada	_____
42	carretera	_____
	desvío	_____
43	nadar	_____
	niños	_____
44	cargador	_____
	escuela	_____

Lista	Examen	Respuesta
45	tarde	_____
	ayer	_____
46	camión	_____
	tranvía	_____
47	despejado	_____
	lluvia	_____
48	realmente	_____
	viaje	_____
49	vivo	_____
	comen	_____
50	prefiero	_____
	están	_____
51	pensamos	_____
	conozco	_____
52	puede	_____
	pongo	_____
53	van	_____
	quiere	_____
54	hermana	_____
	sobrino	_____
55	gente	_____
	ahora	_____
56	pasillo	_____
	escalera	_____

CD 3

Moradas y muebles
Dwellings and Furniture

Lista 57-1

apartamento	**apartment**
hotel	**hotel**
caseta	**cottage**
finca	**farmhouse**
silla	**chair**
mesa	**table**
espejo	**mirror**
lámpara	**lamp**
sofá	**couch**
cómoda	**dresser**

Lista 57-2

espejo	**mirror**
mesa	**table**
sofá	**couch**
lámpara	**lamp**
cómoda	**dresser**
apartamento	**apartment**
caseta	**cottage**
hotel	**hotel**
silla	**chair**
finca	**farmhouse**

Lista 57-3

caseta	**cottage**
apartamento	**apartment**
silla	**chair**
hotel	**hotel**
finca	**farmhouse**
espejo	**mirror**
sofá	**couch**
mesa	**table**
cómoda	**dresser**
lámpara	**lamp**

Examen 57

caseta	_____
apartamento	_____
silla	_____
hotel	_____
finca	_____
espejo	_____
sofá	_____
mesa	_____
cómoda	_____
lámpara	_____

Verbos en tiempo presente
Verbs in the Present Tense

(tener—to have, traer—to bring)

Lista 58-1

tengo	I have
tiene	you have
tenemos	we have
tienen	they have
retener	to keep
traer	to bring
traigo	I bring
trae	you bring
traemos	we bring
traen	they bring

Lista 58-2

retener	to keep
traer	to bring
traigo	I bring
trae	you bring
traemos	we bring
traen	they bring
tengo	I have
tiene	you have
tenemos	we have
tienen	they have

Lista 58-3

traigo	I bring
trae	you bring
traemos	we bring
traen	they bring
tengo	I have
tiene	you have
tenemos	we have
tienen	they have
traer	to bring
retener	to keep

Examen 58

traigo	_____
trae	_____
traemos	_____
traen	_____
tengo	_____
tiene	_____
tenemos	_____
tienen	_____
traer	_____
retener	_____

Diálogo 14A

A: Luis, por favor sal del
   hotel y vente aquí.
   Tenemos tres recámaras.
   Puedes dormir en el
   cuarto de abajo, y tu
   amiga Anne en la
   recámara de arriba, a la
   derecha de la escalera.

B: ¿Hay un clóset para
   Anne?

A: Sí, y también hay una silla,
   una ventana, y en la
   cómoda hay un espejo.

B: ¡Estupendo! Sé que le va a
   gustar.

A: Louis, please leave the
   hotel and come here. We
   have three bedrooms.
   You can sleep in the
   room downstairs, and
   your friend Anne in
   bedroom upstairs, t
   right of the stairs

B: Is there a closet
   Anne?

A: Yes, and also
   chair, a win
   the dresse
   mirror.

B: Great! I know she
   it.

Diálogo 14B

A: Anne, tengo hambre.
   ¿Quieres venir conmigo a
   mi restaurante favorito?

B: Sí, pero debo seguir una
   dieta especial. Mi comida
   no puede tener grasa.

A: Bueno, ¿le gusta la
   ensalada?

B: Sí, pero solamente me
   gusta la lechuga y los
   tomates con rábanos,
   pepinos, cebollas y apio.

A: Vamos.

A: Anne, I'm hungry. Would
   you like to come with me
   to my favorite
   restaurant?

B: Yes, but I have to follow
   a special diet. My food
   cannot have fat.

A: Good, do you like salad?

B: Yes, but I only like
   lettuce and tomatoes with
   radishes, cucumbers,
   onions, and celery.

A: Let's go.

Bebidas
Beverages

Lista 59-1

vino	wine
vodka	vodka
borbón	bourbon
whisky escocés	scotch
champaña	champagne
jugo	juice
té	tea
ponche	punch
naranjada	orangeade
soda	soda

Lista 59-2

té	tea
jugo	juice
naranjada	orangeade
ponche	punch
soda	soda
vino	wine
borbón	bourbon
vodka	vodka
champaña	champagne
whisky escocés	scotch

Lista 59-3

borbón	bourbon
vino	wine
champaña	champagne
vodka	vodka
whisky escocés	scotch
té	tea
naranjada	orangeade
jugo	juice
soda	soda
ponche	punch

Examen 59

borbón	_____
vino	_____
champaña	_____
vodka	_____
whisky escocés	_____
té	_____
naranjada	_____
jugo	_____
soda	_____
ponche	_____

Alimento y cocina
Food and Cooking

Lista 60-1

favorito	**favorite**
grasa	**fat**
dieta	**diet**
asado	**roasted**
a la parrilla	**broiled**
frito	**fried**
al vapor	**steamed**
salsa	**sauce**
ensalada	**salad**
postre	**dessert**

Lista 60-2

al vapor	**steamed**
frito	**fried**
ensalada	**salad**
salsa	**sauce**
postre	**dessert**
favorito	**favorite**
dieta	**diet**
grasa	**fat**
a la parrilla	**broiled**
asado	**roasted**

Lista 60-3

dieta	**diet**
favorito	**favorite**
a la parrilla	**broiled**
grasa	**fat**
asado	**roasted**
al vapor	**steamed**
ensalada	**salad**
frito	**fried**
postre	**dessert**
salsa	**sauce**

Examen 60

dieta	_____
favorito	_____
a la parrilla	_____
grasa	_____
asado	_____
al vapor	_____
ensalada	_____
frito	_____
postre	_____
salsa	_____

Básico
Basic

Lista 61-1

demasiado	too much
sed	thirst
hambre	hunger
sueño	dream
sólo	only
dormir	to sleep
levantarse	to get up
antes	before
después de	after
encontrar	to find

Lista 61-2

levantarse	to get up
dormir	to sleep
después de	after
antes	before
encontrar	to find
demasiado	too much
hambre	hunger
sed	thirst
sólo	only
sueño	dream

Lista 61-3

hambre	hunger
demasiado	too much
sólo	only
sed	thirst
sueño	dream
levantarse	to get up
después de	after
dormir	to sleep
encontrar	to find
antes	before

Examen 61

hambre	_____
demasiado	_____
sólo	_____
sed	_____
sueño	_____
levantarse	_____
después de	_____
dormir	_____
encontrar	_____
antes	_____

Lista 62-1

escuchar	to listen
leer	to read
andar	to walk
correr	to run
quien	whom (who)
otro	other
¿cuál?	which?
muy	very
sin	without
contigo	with you

Lista 62-2

¿cuál?	which?
otro	other
sin	without
muy	very
contigo	with you
escuchar	to listen
andar	to walk
leer	to read
quien	whom (who)
correr	to run

Lista 62-3

andar	to walk
escuchar	to listen
quien	whom (who)
leer	to read
correr	to run
¿cuál?	which?
sin	without
otro	other
contigo	with you
muy	very

Examen 62

andar	_____
escuchar	_____
quien	_____
leer	_____
correr	_____
¿cuál?	_____
sin	_____
otro	_____
contigo	_____
muy	_____

La recreación
Recreation

Lista 63-1

pesca	**fishing**
revista	**magazine**
libro	**book**
novela	**novel**
artículo	**article**
biblioteca	**library**
deportes	**sports**
fútbol	**soccer**
corrida de toros	**bullfight**
juego	**game**

Lista 63-2

deportes	**sports**
biblioteca	**library**
corrida de toros	**bullfight**
fútbol	**soccer**
juego	**game**
pesca	**fishing**
libro	**book**
revista	**magazine**
artículo	**article**
novela	**novel**

Lista 63-3

libro	**book**
pesca	**fishing**
artículo	**article**
revista	**magazine**
novela	**novel**
deportes	**sports**
corrida de toros	**bullfight**
biblioteca	**library**
juego	**game**
fútbol	**soccer**

Examen 63

libro	_____
pesca	_____
artículo	_____
revista	_____
novela	_____
deportes	_____
corrida de toros	_____
biblioteca	_____
juego	_____
fútbol	_____

La música
Music

Lista 64-1

piano	**piano**
tambor	**drum**
violín	**violin**
clarinete	**clarinet**
guitarra	**guitar**
jazz	**jazz**
clásico	**classical**
música	**music**
sinfonía	**symphony**
canción	**song**

Lista 64-2

clásico	**classical**
jazz	**jazz**
sinfonía	**symphony**
música	**music**
canción	**song**
piano	**piano**
violín	**violin**
tambor	**drum**
guitarra	**guitar**
clarinete	**clarinet**

Lista 64-3

violín	**violin**
piano	**piano**
guitarra	**guitar**
tambor	**drum**
clarinete	**clarinet**
clásico	**classical**
sinfonía	**symphony**
jazz	**jazz**
canción	**song**
música	**music**

Examen 64

violín	_____
piano	_____
guitarra	_____
tambor	_____
clarinete	_____
clásico	_____
sinfonía	_____
jazz	_____
canción	_____
música	_____

Verbos en tiempo pasado
Verbs in the Past Tense

(comprar—to buy; comer—to eat; hablar—to speak)

Lista 65-1

compré	I bought
compró	you bought
compramos	we bought
compraron	they bought
comí	I ate
comió	you ate
comimos	we ate
comieron	they ate
dije	I said
hablé	I spoke

Lista 65-2

comí	I ate
comió	you ate
comimos	we ate
comieron	they ate
dije	I said
hablé	I spoke
compré	I bought
compró	you bought
compramos	we bought
compraron	they bought

Lista 65-3

hablé	I spoke
dije	I said
compré	I bought
compró	you bought
compramos	we bought
compraron	they bought
comí	I ate
comió	you ate
comimos	we ate
comieron	they ate

Examen 65

hablé	_____
dije	_____
compré	_____
compró	_____
compramos	_____
compraron	_____
comí	_____
comió	_____
comimos	_____
comieron	_____

(poder—to be able, tener—to have, querer—to want)

Lista 66-1

pude	I could
pudo	you could
pudimos	we could
pudieron	they could
tuve	I had
tuvo	you had
tuvimos	we had
tuvieron	they had
quise	I wanted
quiso	you wanted
quisimos	we wanted
quisieron	they wanted

Lista 66-2

tuve	I had
tuvo	you had
tuvimos	we had
tuvieron	they had
quise	I wanted
quiso	you wanted
quisimos	we wanted
quisieron	they wanted
pude	I could
pudo	you could
pudimos	we could
pudieron	they could

Lista 66-3

quise	I wanted
quiso	you wanted
quisimos	we wanted
quisieron	they wanted
pude	I could
pudo	you could
pudimos	we could
pudieron	they could
tuve	I had
tuvo	you had
tuvimos	we had
tuvieron	they had

Examen 66

quise	_____
quiso	_____
quisimos	_____
quisieron	_____
pude	_____
pudo	_____
pudimos	_____
pudieron	_____
tuve	_____
tuvo	_____
tuvimos	_____
tuvieron	_____

Diálogo 15A

A: Ayer quise ir a la biblioteca, pero tuve una fiebre.

B: Anne, yo quise ir a pescar pero no pude porque tuve un músculo inflamado.

A: Hoy estamos bien, vamos al cine.

A: Yesterday I wanted to go to the library, but I had a fever.

B: Anne, I wanted to go fishing but I couldn't because I had an inflamed muscle.

A: Today we're well, let's go to a movie.

Diálogo 15B

A: Luis, nos vamos a ir el viernes, ¿qué vas a hacer el jueves?

B: Por la mañana, voy a comprar unos regalos para mi familia y tus parientes. Por la tarde, voy a ver a mi primo. Y en la noche, ¿qué vas a querer hacer?

A: Voy a ir al concierto; me gusta escuchar la música clásica de la sinfonía.

A: Louis, we are going to leave on Friday, what are you going to do on Thursday?

B: In the morning, I'm going to buy some gifts for my family and your relatives. In the afternoon, I'm going to see my cousin. And in the evening, what do you want to do?

A: I'm going to go to the concert; I like to listen to classical music of the symphony.

(ir—to go, ser—to be, estar—to be)

Lista 67-1

fui	I went
fue	you went
fuimos	we went
fueron	they went
puse	I put
di	I gave
estuve	I was
estuvo	you were
estuvimos	we were
estuvieron	they were

Lista 67-2

puse	I put
di	I gave
estuve	I was
estuvo	you were
estuvimos	we were
estuvieron	they were
fui	I went
fue	you went
fuimos	we went
fueron	they went

Lista 67-3

estuve	I was
estuvo	you were
estuvimos	we were
estuvieron	they were
fui	I went
fue	you went
fuimos	we went
fueron	they went
di	I gave
puse	I put

Examen 67

estuve	_____
estuvo	_____
estuvimos	_____
estuvieron	_____
fui	_____
fue	_____
fuimos	_____
fueron	_____
di	_____
puse	_____

(venir—to come, caer—to fall, hacer—to make)

Lista 68-1

vine	I came
vino	you came
vinimos	we came
vinieron	they came
vi	I saw
caí	I fell
hice	I made
hizo	you made
hicimos	we made
hicieron	they made

Lista 68-2

caí	I fell
vi	I saw
hice	I made
hizo	you made
hicimos	we made
hicieron	they made
vine	I came
vino	you came
vinimos	we came
vinieron	they came

Lista 68-3

hice	I made
hizo	you made
hicimos	we made
hicieron	they made
vine	I came
vino	you came
vinimos	we came
vinieron	they came
caí	I fell
vi	I saw

Examen 68

hice	_____
hizo	_____
hicimos	_____
hicieron	_____
vine	_____
vino	_____
vinimos	_____
vinieron	_____
caí	_____
vi	_____

Básico
Basic

Lista 69-1

caro	expensive
paseo	walk
adentro	into
que	than
varios	several
quizás	maybe
alguno	some
mismo	same
otra vez	again
línea	line

Lista 69-2

alguno	some
quizás	maybe
otra vez	again
mismo	same
línea	line
caro	expensive
adentro	into
paseo	walk
varios	several
que	than

Lista 69-3

adentro	into
caro	expensive
varios	several
paseo	walk
que	than
alguno	some
otra vez	again
quizás	maybe
línea	line
mismo	same

Examen 69

adentro	_____
caro	_____
varios	_____
paseo	_____
que	_____
alguno	_____
otra vez	_____
quizás	_____
línea	_____
mismo	_____

Las partes del cuerpo humano
Parts of the Human Body

Lista 70-1

pelo	hair
nariz	nose
cara	face
boca	mouth
diente	tooth
lengua	tongue
labios	lips
piel	skin
sangre	blood
hueso	bone

Lista 70-2

labios	lips
lengua	tongue
sangre	blood
piel	skin
hueso	bone
pelo	hair
cara	face
nariz	nose
diente	tooth
boca	mouth

Lista 70-3

cara	face
pelo	hair
diente	tooth
nariz	nose
boca	mouth
labios	lips
sangre	blood
lengua	tongue
hueso	bone
piel	skin

Examen 70

cara	_____
pelo	_____
diente	_____
nariz	_____
boca	_____
labios	_____
sangre	_____
lengua	_____
hueso	_____
piel	_____

Lista 71-1

codo	elbow
abdomen	abdomen
mano	hand
dedo	finger
rodilla	knee
tobillo	ankle
riñón	kidney
pecho	chest
músculo	muscle
uña	fingernail

Lista 71-2

riñón	kidney
tobillo	ankle
músculo	muscle
pecho	chest
uña	fingernail
codo	elbow
mano	hand
abdomen	abdomen
rodilla	knee
dedo	finger

Lista 71-3

mano	hand
codo	elbow
rodilla	knee
abdomen	abdomen
dedo	finger
riñón	kidney
músculo	muscle
tobillo	ankle
uña	fingernail
pecho	chest

Examen 71

mano	_____
codo	_____
rodilla	_____
abdomen	_____
dedo	_____
riñón	_____
músculo	_____
tobillo	_____
uña	_____
pecho	_____

Adjetivos
Adjectives

Lista 72-1

largo	long
corto	short
sucio	dirty
limpio	clean
lindo	pretty
feo	ugly
duro	hard
blando	soft
nuevo	new
viejo	old

Lista 72-2

duro	hard
feo	ugly
nuevo	new
blando	soft
viejo	old
largo	long
sucio	dirty
corto	short
lindo	pretty
limpio	clean

Lista 72-3

sucio	dirty
largo	long
lindo	pretty
corto	short
limpio	clean
duro	hard
nuevo	new
feo	ugly
viejo	old
blando	soft

Examen 72

sucio	_____
largo	_____
lindo	_____
corto	_____
limpio	_____
duro	_____
nuevo	_____
feo	_____
viejo	_____
blando	_____

Herramientas
Tools

Lista 73-1

martillo	**hammer**
sierra	**saw**
clavos	**nails**
destornillador	**screwdriver**
taladro	**drill**
regla	**ruler**
pegamento	**glue**
alicates	**pliers**
tornillos	**screws**
herramientas	**tools**

Lista 73-2

pegamento	**glue**
regla	**ruler**
tornillos	**screws**
alicates	**pliers**
herramientas	**tools**
martillo	**hammer**
clavos	**nails**
sierra	**saw**
taladro	**drill**
destornillador	**screwdriver**

Lista 73-3

clavos	**nails**
martillo	**hammer**
taladro	**drill**
sierra	**saw**
destornillador	**screwdriver**
pegamento	**glue**
tornillos	**screws**
regla	**ruler**
herramientas	**tools**
alicates	**pliers**

Examen 73

clavos	_____
martillo	_____
taladro	_____
sierra	_____
destornillador	_____
pegamento	_____
tornillos	_____
regla	_____
herramientas	_____
alicates	_____

Básico
Basic

Lista 74-1

como	as
durante	during
o	or
compañía	company
empleo	job
hombre	man
cosa	thing
¿por qué?	why?
porque	because
parte	part

Lista 74-2

cosa	thing
hombre	man
porque	because
¿por qué?	why?
parte	part
como	as
o	or
durante	during
empleo	job
compañía	company

Lista 74-3

o	or
como	as
empleo	job
durante	during
compañía	company
cosa	thing
porque	because
hombre	man
parte	part
¿por qué?	why?

Examen 74

o	_____
como	_____
empleo	_____
durante	_____
compañía	_____
cosa	_____
porque	_____
hombre	_____
parte	_____
¿por qué?	_____

Verbos
Verbs

Lista 75-1

tratar	to try
amar	to love
usar	to use
trabajar	to work
pedir	to request
vender	to sell
preguntar	to ask
contestar	to answer
aprender	to learn
enseñar	to teach

Lista 75-2

trabajar	to work
pedir	to request
vender	to sell
preguntar	to ask
contestar	to answer
aprender	to learn
enseñar	to teach
tratar	to try
amar	to love
usar	to use

Lista 75-3

usar	to use
tratar	to try
pedir	to request
amar	to love
trabajar	to work
preguntar	to ask
aprender	to learn
vender	to sell
enseñar	to teach
contestar	to answer

Examen 75

usar	_____
tratar	_____
pedir	_____
amar	_____
trabajar	_____
preguntar	_____
aprender	_____
vender	_____
enseñar	_____
contestar	_____

Ocupaciones y profesiones
Occupations and Professions

Lista 76-1

vendedor	salesman
dependiente	clerk
obrero	laborer
comerciante	merchant
mecánico	mechanic
abogado	lawyer
maestro	teacher
ingeniero	engineer
enfermera	nurse
contador	accountant

Lista 76-2

maestro	teacher
abogado	lawyer
enfermera	nurse
ingeniero	engineer
contador	accountant
vendedor	salesman
obrero	laborer
dependiente	clerk
mecánico	mechanic
comerciante	merchant

Lista 76-3

obrero	laborer
vendedor	salesman
mecánico	mechanic
dependiente	clerk
comerciante	merchant
maestro	teacher
enfermera	nurse
abogado	lawyer
contador	accountant
ingeniero	engineer

Examen 76

obrero	_____
vendedor	_____
mecánico	_____
dependiente	_____
comerciante	_____
maestro	_____
enfermera	_____
abogado	_____
contador	_____
ingeniero	_____

Básico
Basic

Lista 77-1

universidad	college
respuesta	answer
pregunta	question
estudiante	student
ejemplo	example
vida	life
rico	rich
pobre	poor
verdadero	true
falso	false

Lista 77-2

rico	rich
vida	life
verdadero	true
pobre	poor
falso	false
universidad	college
pregunta	question
respuesta	answer
ejemplo	example
estudiante	student

Lista 77-3

pregunta	question
universidad	college
ejemplo	example
respuesta	answer
estudiante	student
rico	rich
verdadero	true
vida	life
falso	false
pobre	poor

Examen 77

pregunta	_____
universidad	_____
ejemplo	_____
respuesta	_____
estudiante	_____
rico	_____
verdadero	_____
vida	_____
falso	_____
pobre	_____

Lista 78-1

muchos	many
pocos	few
grande	big
pequeño	small
alto	high
bajo	low
palabra	word
mensaje	message
idea	idea
hecho	fact

Lista 78-2

palabra	word
bajo	low
idea	idea
mensaje	message
hecho	fact
muchos	many
grande	big
pocos	few
alto	high
pequeño	small

Lista 78-3

grande	big
muchos	many
alto	high
pocos	few
pequeño	small
palabra	word
idea	idea
bajo	low
hecho	fact
mensaje	message

Examen 78

grande	_____
muchos	_____
alto	_____
pocos	_____
pequeño	_____
palabra	_____
idea	_____
bajo	_____
hecho	_____
mensaje	_____

Diálogo 16A

A: ¿Qué hace usted?
B: Soy estudiante.
A: ¿Cómo va la vida en la universidad?
B: Es fácil.
A: ¿Qué quiere decir?
B: Por ejemplo, no trabajo, aprendo sólo los hechos y unas cuantas ideas.
A: Siga.
B: Entonces, contesto verdadero o falso a las preguntas del maestro.

A: What do you do?
B: I'm a student.
A: How is life in college?

B: It's easy.
A: What do you mean?
B: For example, I don't work, I only learn facts and a few ideas.

A: Go on.
B: Then I answer true or false to the teacher's questions.

Diálogo 16B

A: ¿Es Ud. el vendedor?
B: No, soy el dependiente, el vendedor está allí.
A: Gracias. Perdone, ¿vende usted libros sobre diferentes ocupaciones?
B: Creo que sí, tenemos algunos sobre las profesiones de abogado, de ingeniero y de contador.
A: ¿Tiene un libro sobre la enfermería?
B: Quizás, voy a buscar. Lo siento, no lo tenemos.

A: Are you the salesman?
B: No, I'm the clerk, the salesman is right there.
A: Thank you. Excuse me, do you sell books on different occupations?

B: Yes, I believe we have some on the professions of law, engineering, and accounting.

A: Do you have a book on nursing?
B: Maybe, I'm going to look. I'm sorry, we don't have any.

Lista 79-1

gobierno	**government**
Dios	**God**
nación	**nation**
gente	**people**
problema	**problem**
lugar	**place**
sociedad	**society**
calle	**street**
mundo	**world**
clima	**weather**

Lista 79-2

sociedad	**society**
lugar	**place**
mundo	**world**
calle	**street**
clima	**weather**
gobierno	**government**
nación	**nation**
Dios	**God**
problema	**problem**
gente	**people**

Lista 79-3

nación	**nation**
gobierno	**government**
problema	**problem**
Dios	**God**
gente	**people**
sociedad	**society**
mundo	**world**
lugar	**place**
clima	**weather**
calle	**street**

Examen 79

nación	_____
gobierno	_____
problema	_____
Dios	_____
gente	_____
sociedad	_____
mundo	_____
lugar	_____
clima	_____
calle	_____

Lista 80-1

si	if
ambos	both
hasta	until
mientras	while
fuerte	strong
cada	each
siempre	always
nunca	never
alrededor de	around
memoria	memory

Lista 80-2

siempre	always
cada	each
alrededor de	around
nunca	never
memoria	memory
si	if
hasta	until
ambos	both
fuerte	strong
mientras	while

Lista 80-3

hasta	until
si	if
fuerte	strong
ambos	both
mientras	while
siempre	always
alrededor de	around
cada	each
memoria	memory
nunca	never

Examen 80

hasta	_____
si	_____
fuerte	_____
ambos	_____
mientras	_____
siempre	_____
alrededor de	_____
cada	_____
memoria	_____
nunca	_____

Clérigos y oficiales del gobierno
Clergy and Government Officials

Lista 81-1

sacerdote	**priest**
ministro	**minister**
rabí	**rabbi**
monja	**nun**
clérigo	**clergyman**
alcalde	**mayor**
gobernador	**governor**
senador	**senator**
concejal	**councilman**
juez	**judge**

Lista 81-2

gobernador	**governor**
alcalde	**mayor**
concejal	**councilman**
senador	**senator**
juez	**judge**
sacerdote	**priest**
rabí	**rabbi**
ministro	**minister**
clérigo	**clergyman**
monja	**nun**

Lista 81-3

rabí	**rabbi**
sacerdote	**priest**
clérigo	**clergyman**
ministro	**minister**
monja	**nun**
gobernador	**governor**
concejal	**councilman**
alcalde	**mayor**
juez	**judge**
senador	**senator**

Examen 81

rabí	_____
sacerdote	_____
clérigo	_____
ministro	_____
monja	_____
gobernador	_____
concejal	_____
alcalde	_____
juez	_____
senador	_____

Diálogo 17A

A: ¡Hola!
B: ¡Hola!
A: ¿De dónde es usted, de Inglaterra?
B: No, de los Estados Unidos.
A: ¿Y trabaja aquí?
B: No, estoy de vacaciones, trabajo en Nueva York, soy representante. ¿Y usted?
A: También soy oficial de gobierno, un concejal en Chicago. Vamos a hablar sobre algunos problemas del gobierno.

A: Hello!
B: Hello!
A: Where are you from, England?
B: No, from the United States.
A: And you work here?
B: No, I'm on vacation; I work in New York. I'm a representative. And you?

A: I'm also a government official, a councilman in Chicago. Let's talk about some government problems.

Diálogo 17B

A: ¿Conoce Italia?
B: No, nunca estuve en Italia, pero he visitado a España por un año y me gustó mucho.
A: ¿Qué le gustó más?

B: Me gustó más el ambiente de Sevilla y las colinas y montañas alrededor de algunas ciudades. Siempre voy a tener buenos recuerdos de España, de la nación y de su sociedad.

A: Do you know Italy?
B: No, I was never in Italy, but I have visited Spain for a year and I liked it a lot.
A: What did you like the most?
B: I liked most the ambiance of Seville and the hills and mountains around some of the cities. I'll always have good memories of Spain, the nation, and its society.

Medidas y ciencias
Measurements and Sciences

Lista 82-1

milla	**mile**
metro	**meter**
kilómetro	**kilometer**
minuto	**minute**
siglo	**century**
química	**chemistry**
física	**physics**
psicología	**psychology**
biología	**biology**
matemáticas	**mathematics**

Lista 82-2

física	**physics**
química	**chemistry**
biología	**biology**
psicología	**psychology**
matemáticas	**mathematics**
milla	**mile**
kilómetro	**kilometer**
metro	**meter**
siglo	**century**
minuto	**minute**

Lista 82-3

kilómetro	**kilometer**
milla	**mile**
siglo	**century**
metro	**meter**
minuto	**minute**
física	**physics**
biología	**biology**
química	**chemistry**
matemáticas	**mathematics**
psicología	**psychology**

Examen 82

kilómetro	_____
milla	_____
siglo	_____
metro	_____
minuto	_____
física	_____
biología	_____
química	_____
matemáticas	_____
psicología	_____

La naturaleza
Nature

Lista 83-1

montaña	**mountain**
valle	**valley**
océano	**ocean**
colina	**hill**
río	**river**
lago	**lake**
isla	**island**
arroyo	**stream**
mar	**sea**
bahía	**bay**

Lista 83-2

isla	**island**
lago	**lake**
mar	**sea**
arroyo	**stream**
bahía	**bay**
montaña	**mountain**
océano	**ocean**
valle	**valley**
río	**river**
colina	**hill**

Lista 83-3

océano	**ocean**
montaña	**mountain**
río	**river**
valle	**valley**
colina	**hill**
isla	**island**
mar	**sea**
lago	**lake**
bahía	**bay**
arroyo	**stream**

Examen 83

océano	_____
montaña	_____
río	_____
valle	_____
colina	_____
isla	_____
mar	_____
lago	_____
bahía	_____
arroyo	_____

Animales
Animals

Lista 84-1

perro	**dog**
gato	**cat**
caballo	**horse**
vaca	**cow**
león	**lion**
tigre	**tiger**
elefante	**elephant**
mono	**monkey**
oso	**bear**
ratón	**mouse**

Lista 84-2

elefante	**elephant**
tigre	**tiger**
oso	**bear**
mono	**monkey**
ratón	**mouse**
perro	**dog**
caballo	**horse**
gato	**cat**
león	**lion**
vaca	**cow**

Lista 84-3

caballo	**horse**
perro	**dog**
león	**lion**
gato	**cat**
vaca	**cow**
elefante	**elephant**
oso	**bear**
tigre	**tiger**
ratón	**mouse**
mono	**monkey**

Examen 84

caballo	_____
perro	_____
león	_____
gato	_____
vaca	_____
elefante	_____
oso	_____
tigre	_____
ratón	_____
mono	_____

Países
Countries

Lista 85-1

Francia	**France**
Estados Unidos	**United States**
Rusia	**Russia**
Inglaterra	**England**
Alemania	**Germany**
Canadá	**Canada**
Italia	**Italy**
España	**Spain**
México	**Mexico**
China	**China**
Japón	**Japan**

Lista 85-2

Canadá	**Canada**
Alemania	**Germany**
Inglaterra	**England**
México	**Mexico**
España	**Spain**
Japón	**Japan**
Rusia	**Russia**
Italia	**Italy**
Estados Unidos	**United States**
Francia	**France**
China	**China**

Lista 85-3

México	**Mexico**
Italia	**Italy**
Japón	**Japan**
Canadá	**Canada**
Estados Unidos	**United States**
Inglaterra	**England**
España	**Spain**
China	**China**
Rusia	**Russia**
Francia	**France**
Alemania	**Germany**

Examen 85

México	_____
Italia	_____
Japón	_____
Canadá	_____
Estados Unidos	_____
Inglaterra	_____
China	_____
España	_____
Rusia	_____
Francia	_____
Alemania	_____

Examen de repaso 3

Lista	Examen	Respuesta
57	silla	_____
	sofá	_____
58	tenemos	_____
	traer	_____
59	jugo	_____
	vino	_____
60	frito	_____
	postre	_____
61	encontrar	_____
	sed	_____
62	leer	_____
	¿cuál?	_____
63	revista	_____
	deportes	_____
64	canción	_____
	tambor	_____
65	compré	_____
	comimos	_____
66	pudo	_____
	quiso	_____
67	fuimos	_____
	di	_____
68	hizo	_____
	vi	_____

Lista	Examen	Respuesta
69	caro	_____
	paseo	_____
70	piel	_____
	pelo	_____
71	pecho	_____
	uña	_____
72	limpio	_____
	viejo	_____
73	martillo	_____
	herramientas	_____
74	cosa	_____
	porque	_____
75	trabajar	_____
	vender	_____
76	abogado	_____
	enfermera	_____
77	ejemplo	_____
	respuesta	_____
78	palabra	_____
	hecho	_____
79	mundo	_____
	lugar	_____
80	hasta	_____
	siempre	_____
81	juez	_____
	sacerdote	_____
82	milla	_____
	siglo	_____

Lista	Examen	Respuesta
83	bahía	_____
	valle	_____
84	oso	_____
	gato	_____
85	Francia	_____
	Japón	_____

Expresiones útiles

Buenos días.	Good morning.
Buenas tardes.	Good afternoon.
Buenas noches.	Good evening, Good night.
Sí./No.	Yes./No.
¿Cómo le va? (¿Cómo está Ud.?)	How do you do?
Estoy bien, gracias.	I am fine, thank you.
Mucho gusto en conocerlo.	I am pleased to meet you.
¿Habla inglés?	Do you speak English?
Yo no hablo mucho español.	I don't speak much Spanish.
Repita, por favor.	Please repeat.
¿Cómo se dice...?	How do you say . . .?
Hable despacio, por favor.	Speak slowly, please.
Muchas gracias.	Thank you very much.
De nada.	You're welcome.
Con permiso.	Excuse me.
Ayúdeme por favor.	Please help me.
¿Me lo puede traducir?	Can you translate this?
¿Comprende?	Do you understand?
Comprendo.	I understand.
No comprendo.	I don't understand.
Estoy perdido (perdida).	I'm lost.
¿Tiene un mapa?	Do you have a map?

¿Dónde están los excusados?	Where are the toilets?
Enséñeme, por favor.	Please show me.
Indique, por favor.	Please point.
¡Buena suerte!	Good luck.
¡Adiós!	Good-bye.
Hasta luego.	See you later.

Cómo decir la hora

¿Qué hora es?	*What time is it?*
Es temprano.	It's early.
Ya es muy tarde.	It's too late.
Es mediodía.	It's noon.
Es medianoche.	It's midnight.
Por la mañana	*In the morning*
Es la una (de la mañana).	It's one o'clock (a.m.).
Son las cinco (de la mañana).	It's five o'clock (a.m.).
Por la tarde o la noche	*In the afternoon or evening*
Son las tres (de la tarde).	It's three o'clock (p.m.).
Son las cuatro (de la tarde).	It's four o'clock (p.m.).
Son las siete (de la noche).	It's seven o'clock (p.m.).
Después de la hora	*Past the hour*
Son las seis y diez.	It's ten past six.
Son las siete y cuarto.	It's a quarter past seven.
Son las ocho y veinte.	It's twenty past eight.
Son las nueve y media.	It's half past nine.
Antes de la hora	*Before the hour*
Son las diez menos veinte.	It's twenty to ten.
Son las once menos cuarto.	It's a quarter to eleven.
Son las cinco menos cinco.	It's five to five.

Los horarios usan a veces un reloj de 24 horas. Por ejemplo, Ud. puede ver u oír 16.00 horas; sustraiga 12 y son las 4 p.m.

¿A qué hora sale el tren?	*At what time (When) does the train leave?*
A las dieciocho.	At 18:00 (6 p.m.).
A las veinte.	At 20:00 (8 p.m.)
A las veintiuna y media.	At 21:30 (9:30 p.m.).
En quince minutos.	In fifteen minutes.
En media hora.	In half an hour.

Comiendo

Tengo hambre.	I am hungry.
Queremos desayunar.	We want breakfast.
¿Dónde hay un restaurante?	Where is there a restaurant?
¿Tiene sed?	Are you thirsty?
¿Qué quiere beber?	What would you like to drink?
¿Quiere café?	Would you like some coffee?
Esto es delicioso.	This is delicious.
Gracias por hacer mi comida.	Thank you for making my lunch.
¿Qué tiene el menú?	What's on the menu?
Soy vegetariano (vegetariana).	I'm a vegetarian.
Sólo una porción pequeña.	Just a small portion.
Gracias, ¿podría tener un poco más?	Thank you, could I have a little more?
¿Puedo servirme una taza de café?	May I help myself to a cup of coffee?
Quiero un postre, por favor.	I'd like a dessert, please.
Nada más, gracias.	Nothing more, thanks.

La cena estuvo muy buena.	The dinner was very good.
Gracias por su hospitalidad.	Thanks for your hospitality.

Teléfono

¿Puedo usar su teléfono?	May I use your telephone?
¿Puedo hacer una llamada de larga distancia?	May I make a long distance call?
Quiero llamar...	I want to call . . .
¿Puedo marcar directo?	Can I dial direct?
¿Cómo obtengo una operadora?	How do I get an operator?
Quiero hacer una llamada por cobrar.	I want to place a credit card call.
Extensión... por favor.	Extension . . . please.
Nos hemos cortado.	We were cut off.
¿Puede tomar un mensaje, por favor?	Would you please take a message?
Un momento, por favor.	Just a moment, please.
Llámame cuando estés listo (lista).	Call me when you are ready to go.

Correo

¿Hay correo hoy?	Did the mail come today?
¿Dónde puedo echar estas cartas?	Where can I mail these letters?
Quiero una estampilla para mandar esta carta a Estados Unidos.	I'd like a stamp for this letter to the United States.
¿Cuánto es el precio para una tarjeta postal para Canadá?	What's the postage for a postcard to Canada?

Ir de compras

¿Cómo puedo servirle?	May I help you?
No gracias.	No thanks.
Estoy mirando nada más.	I'm just looking.
Ayúdeme por favor.	Help me please.
Estoy buscando...	I'm looking for . . .
Quiero comprar...	I want to buy . . .
Tráigame...	Bring me . . .
Muéstreme lo que tiene.	Show me what you have.
¿Cuánto cuesta?	How much does this cost?
Es demasiado.	It is too much.
¿Qué talla cree que necesito?	What size do you think I need?
¿Puedo probármelo?	May I try this on?
¿Dónde está el cuarto de vestir?	Where is the dressing room?
¿Puede ordenármelo?	Can you order it for me?
Me lo llevo.	I'll take it with me.
Quiero cambiar un cheque.	I would like to cash a check.
¿Tiene identificación?	Do you have identification?
Quiero cambiar esto.	I'd like to return this.
Aquí tiene su recibo.	Here's your receipt.

Modismos comunes

Cuando el recitó, fuimos todos oídos.	When he recited, we were all ears.
Estamos listos para el viaje.	We are all set for the trip.
Él acordó ir pero es posible que se arrepintió en el último minuto.	He agreed to go but may back out at the last minute.
Él es una persona de influencia en el gobierno.	He is a big shot in the government.
Por favor, no interrumpa mi trabajo.	Please, don't butt into my work.
Vamos a cancelar la visita a causa de enfermedad.	We'll call off the visit because of illness.
Todos van a contribuir para el regalo.	Everyone is going to chip in for the gift.
Su padre es muy práctico.	His father is very down to earth.
La entrevista para el empleo fracasó.	The interview for the job fell through.
Ella le ayudará a Ud.	She will go to bat for you.
David y Miguel hablaron íntimamente.	Dave and Mike had a heart-to-heart talk.
Cálmese, estaré con Ud. en un minuto.	Hold your horses, I'll be with you in a minute.
Ellos se quedaron sorprendidos acerca de la fiesta sorpresa.	They were kept in the dark about the surprise party.
Anne se apresuraría a la oportunidad de ser un tutor.	Anne would jump at the chance to be a tutor.

Luis recordó permanecer serio mientras dijo la broma.

Louis remembered to keep a straight face as he told the joke.

Él se dañó esquiando y estuvo recuperándose por unas pocas semanas.

He got hurt skiing and was laid up for a few weeks.

Juan tiene mucha experiencia reparando coches.

John is an old hand at fixing cars.

Ella estaba nerviosa antes del examen.

She was on edge before the exam.

Ir a ver esa película es imposible.

Going to that movie is out of the question.

Kathy usó influencias para obtener ese empleo.

Kathy pulled strings to get that job.

Fue injusto cuando la compañía lo despidió.

He got a raw deal when the company fired him.

Sally colecciona muebles usados.

Sally collects second-hand furniture.

Están de acuerdo en cuanto a la respuesta al problema.

They see eye-to-eye on the answer to the problem.

Consideraré antes de decidir.

I'm going to sleep on it before I decide.

Siéntese por favor.

Please take a seat.

Queremos hacer una fiesta la próxima semana.

We want to throw a party next week.

El pájaro que se levanta temprano, agarra primero el gusano.	The early bird gets the worm.
Más vale pájaro en mano que cien volando.	A bird in the hand is worth two in the bush.
La experiencia es la mamá de la ciencia.	Necessity is the mother of invention.
Amor con amor se paga.	The love you take is equal to the love you make.
Donde hay ganas hay maña.	Where there's a will there's a way.
Lo que en la calle no puedes ver, en tu casa lo has de tener.	People who live in glass houses shouldn't throw stones.
Él que no monta no cae.	Nothing ventured, nothing gained.
La rueda que más chilla es la que consigue la grasa.	It's the squeaky wheel that gets the grease.
A palabras necias oídos sordos.	Foolish words fall on deaf ears.
Al que escucha bien pocas palabras.	A good listener needs few words.
Después de la lluvia sale el sol.	It's always darkest before the dawn.
Una abeja no hace una colmena.	One swallow does not a summer make.
Muchos pocos hacen un mucho.	Many hands make light work.
Lo que se aprende bien nunca se olvida.	A lesson well learned is never forgotten.
Quien canta su mal espanta.	Sing every day and chase the blues away.

Gramática

El nombre y el artículo

Un nombre es el rótulo para una persona, un lugar o una cosa. En inglés, los artículos **a** o **the** preceden con frecuencia nombres que se refieren a cosas comunes. Por ejemplo, **a house** (*una casa*), **a museum** (*un museo*), **the ticket** (*el billete*), **the bill** (*la cuenta*). **An** en lugar de (y no) **a** precede nombres y otras palabras que empiezan con una vocal. Por ejemplo, **an umbrella** (*un paraguas*), **an elevator** (*un ascensor*).

El género de los nombres en inglés no es muy importante. Los nombres no tienen terminaciones especiales para indicar el género; artículos y adjetivos no cambian de forma con el género del nombre. Ejemplos: **an old aunt** (*una tía vieja*), **an old uncle** (*un tío viejo*), **a white house** (*una casa blanca*), **a white hospital** (*un hospital blanco*).

Para el plural de la mayoría de los nombres se añade **-s** al singular. Por ejemplo, **boot, boots** (*bota, botas*), **envelope, envelopes** (*sobre, sobres*). Cuando el nombre termina en **-o** después de una consonante, se añade **-es: tomato, tomatoes** (*tomate, tomates*). Hay algunos nombres que forman el plural de una manera especial. Por ejemplo, **child, children** (*niño, niños*); **foot, feet** (*pie, pies*); **man, men** (*hombre, hombres*).

Pronombres del caso nominativo

El pronombre del caso nominativo es lo que reemplaza al sujeto de la oración. Estas formas en inglés siempre se usan debido a la falta de terminaciones especiales para la persona del verbo. Los pronombres nominativos son:

Singular		*Plural*	
yo	I	*nosotros/as*	we
tú, usted	you	*vosotros/as, Uds.*	you
él	he	*ellos, ellas*	they
ella	she		
ello	it		

Note que se usa solamente la forma **you** para el singular y el plural sin importar con quien hable. Por ejemplo: con su amigo, *¿Quieres comer?* **Do you want to eat?**, con un dependiente, *¿Tiene postales?* **Do you have postcards?**, o con sus parientes, *¿Quieren ir al concierto?* **Do you want to go to the concert?**

Los verbos en tiempo presente

Los verbos en el presente se usan para lo que pasa ahora o lo que pasa habitualmente. El presente se expresa en tres maneras: *Hablo inglés.* **I do speak English** (a veces), **I am speaking English** (en este momento) y **I speak English** (usual, en los Estados Unidos).

Los verbos forman el presente con el infinitivo, sin la preposición **to**. Esta forma se emplea para todas las personas del singular y del plural, pero en la tercera del singular se le añade **-s**. Por ejemplo: *comprar*, **to buy**.

yo compro	I buy	*nosotros/as compramos*	we buy
tú compras	you buy	*vosotros/as compráis*	you buy
usted compra	you buy	*ustedes compran*	you buy
él/ella compra	he, she buys	*ellos/ellas compran*	they buy

En las siguientes listas (los glosarios), solo aparecen las formas **you** y **they**. Debe recordar que la misma forma del verbo se usa para *él* y *ella*, pero se le añade **-s**.

La preposición

Las preposiciones son palabras cortas para hacer una conexión entre un nombre o pronombre y alguna otra parte de la oración. Por ejemplo:

Ella está en este hotel.	She is <u>at</u> this hotel.
Llegué a casa <u>del</u> hospital.	I came home <u>from</u> the hospital.
Andamos <u>al</u> parque	We walked <u>to</u> the park
<u>después de</u> la cena	<u>after</u> dinner

No hay reglas para el uso de las preposiciones. Solamente se debe notar y recordar las relaciones entre las palabras con que generalmente se usan. Algunos usos con más frecuencia de las preposiciones son:

- **at**   *en* de localidad: *en la escuela*—<u>at</u> school, *en el trabajo*—<u>at</u> work; *a*, hacia: *mirar a*—look <u>at</u>, *llegar a*—arrive <u>at</u>; *a por* para el tiempo: *al mediodía*—<u>at</u> noon, *por la noche*—<u>at</u> night.

- **by**   *por* de proximidad: *por el andén*—<u>by</u> the platform; *por*, mediante: *por el tren*—<u>by</u> train; *para* en *para esta noche*: *La lección estará terminado* para *el martes*—The lesson will be finished <u>by</u> Tuesday.

- **for**   *para*: *Esa es para él*—That is <u>for</u> him; *para bailar*—<u>for</u> dancing; *por un minuto*—<u>for</u> a minute, *por mucho tiempo*—<u>for</u> a long time; *de* o *como*: *Comí huevos de comida*—I ate eggs <u>for</u> lunch, *Él usó un cuchillo como abrelatas*—He used a knife as a can opener.

- **from**   *de* o *desde* de precedencia: *de España a Canadá*—<u>from</u> Spain to Canada, *de las dos a las cuarto en el tarde*—<u>from</u> two to four in the afternoon.

- **in**   *en* o *adentro*, como en español: *en dos horas*—<u>in</u> two hours, *en el coche*—<u>in</u> the car.

- **of**   *de*, como en español: *hecho de lana*—made <u>of</u> wool, *la ciudad de Nueva York*—the city <u>of</u> New York.

- **to**   *a* de dirección: *al teatro*—<u>to</u> the theater, *a Italia*—<u>to</u> Italy.

- **with**   *con*, significado de unión: *con ella*—<u>with</u> her, *Lo comí con un poco de azúcar*—I ate it <u>with</u> some sugar.

Otras preposiciones comunes son:

antes de	before
abajo	down
alrededor de	around
arriba	up
después de	after
durante	during
hasta	until
sin	without

Expresiones del futuro

Se usa el futuro para algo que no ha pasado todavía. Reconocemos el futuro cuando se usan las palabras de verbos auxiliares **will** o **shall** antes del verbo principal.

Yo veré	I will (shall) see
Usted verá	You will see
Él/Ella verá	He/She will see
Nosotros/as veremos	We will (shall) see
Ustedes verán	You will see
Ellos/Ellas verán	They will see

Nótese que en español se necesita sólo una palabra para indicar el futuro, mientras que en inglés se necesitan dos. Además, en la conversación se une con frecuencia el sujeto con el auxiliar, formando las contracciones **I'll, we'll, you'll,** etc. Por ejemplo:

Tomaremos un taxi al aeropuerto.	We'll take a taxi to the airport.
Ella pondrá el dinero en el banco.	She'll put the money in the bank.
Ud. comprará regalos para su madre.	You'll buy gifts for your mother.
Comeré la cena en el nuevo restaurante.	I'll eat dinner at the new restaurant.

A veces es más fácil usar la frase **going to** en lugar de **will** o **shall** para indicar la acción futura habitual o para expresar intención de realizarla en el futuro. En estas frases después de **going to** se añade la preposición **to** con el infinitivo del verbo en cuestión. Por ejemplo:

Voy a ver la película mañana.	I am going to see the movie tomorrow.
Vamos a ir a su casa.	We are going to go to your house.
Ud. va a conocer a mi familia.	You are going to meet my family.
Voy a darle unas aspirinas.	I'm going to give you some aspirin.

Pronombres de objeto directo y indirecto

Los pronombres del caso acusativo se usan como objetos directos o indirectos del verbo. Estas formas son:

Singular		*Plural*	
me	me	*nos*	us
te	you	*os, les*	you
le	him	*los, las, les*	them
la	her		
lo	it		

En inglés, no se usa una preposición delante del objeto indirecto si el objeto indirecto precede al objeto directo.

¿Tiene la dirección?	Do you have the address?
Lo siento, no la tengo.	I'm sorry, I don't (do not) have it.
La vimos a ella en el restaurante.	We saw her at the restaurant.

Sin embargo, se usa **to** o **for** delante del objeto indirecto si hay solamente un objeto indirecto o si el objeto indirecto sigue al objeto directo.

Él le habla a él.	He speaks to him.
Ella me dio la llave.	She gave the key to me. (She gave me the key.)

La conjunción

La conjunción sirve para relacionar las palabras o grupos de palabras. Algunas conjunciones copulativas son: *y*, **and**; *pero*, **but**; y *o*, **or**. Algunas conjunciones subordinadas son:

- Tiempo: *antes*—**before**; *después*—**after**; *cuando*—**when**; *mientras*—**while**. *Ellos llegaron mientras él estaba fuera.* **They arrived while he was out.**
- Razón: *porque*—**because**; *por qué*—**why**. *No vine porque no tenía dinero.* **I didn't come because I didn't have money.**
- Condición: *si*—**if**; *cuando*—**when**; *antes de que*—**before**. *Iré si ellos quieren que me vaya.* **I will go if they want me to go.**
- Comparación: *como*—**as**; *que*—**than**. *Ella es más alta que su hermano.* **She is taller than her brother.**

Los verbos en tiempo pasado

Se emplean los verbos en tiempo pasado para una acción que ocurrió en un momento determinado en el pasado. Por ejemplo:

Él quiso correr ayer.	He wanted to run yesterday.
Ella visitó a sus parientes la semana pasada.	She visited her relatives last week.
Viví en la casa de mi tía por dos años.	I lived at my aunt's house for two years.

El pasado también se usa a menudo para indicar una acción habitual. Por ejemplo:

Íbamos allí todos los inviernos.	We used to go there every winter.
Cuando era casado siempre comía en casa.	When I was married I always ate at home.
Solamente nadaba durante el verano.	I used to swim only during the summer.

Se forma el pasado de los verbos regulares añadiéndole -**ed** al infinitivo. Todas las personas del singular y del plural usan esta forma. Por ejemplo: *preguntar,* **to ask:**

Yo pregunté	I asked
Usted preguntó	You asked
Él/Ella pregunto	He/She asked
Nosotros/as preguntamos	We asked
Ustedes preguntaron	You asked
Ellos/Ellas preguntaron	They asked

Para los verbos que termina en -**e**, se la añade solamente -**d**. Ejemplos:

include	included
like	liked
live	lived
love	loved
use	used

Los verbos que no forman el pasado con -**ed** se llaman verbos irregulares y deben ser memorizados. Por ejemplo:

buy	bought
come	came
eat	ate
say	said

Nótese que la mayoría de los verbos pasados en las listas siguientes (los glosarios) son irregulares para que se pueden practicar.

Adverbios

Muchos adverbios se forman añadiéndole -**ly** al adjetivo: *lento*—**slow,** *lentamente*—**slowly;** *real*—**real,** *realmente*—**really.** Algunas palabras como **fast** y **hard** pueden usarse sin cambio alguno:

Él trabaja <u>rápidamente</u>.	He works <u>fast</u>.
Ella trabaja <u>duro</u>.	She works <u>hard</u>.

El comparativo y el superlativo se forman con *más*—more; *más*—most; y *muy*—very:

Ella camina <u>más</u> lento que yo.	She walks <u>more</u> slowly than I.

También, los adverbios monosilábicos añaden -er y -est: *rápido*—fast; *más rápido*—faster; *más rápido*—fastest; y *muy rápido*—very fast.

Adjetivos descriptivos

Los adjetivos tienen la misma forma en el singular y en el plural para el género masculino o femenino. También, siempre se usan antes del nombre que modifican. Por ejemplo:

un tío rico	a rich uncle	*tíos ricos*	rich uncles
una tía rica	a rich aunt	*tías ricas*	rich aunts
un buen libro	a good book	*libros buenos*	good books
una manzana grande	a large apple	*manzanas grandes*	large apples

Adjetivos posesivos

mi juguete	my toy	*mis juguetes*	my toys
su vestido	your dress	*sus vestidos*	your dresses
nuestro pariente	our relative	*nuestros parientes*	our relatives
nuestra maleta	our suitcase	*nuestras maletas*	our suitcases

el amigo de Ud.	your friend
el amigo de él	his friend
el amigo de ella	her friend
el amigo de ellos	their friend
el amigo de ellas	their friend

Estas formas se emplean siempre para modificar a algún nombre en el singular o en el plural. Ejemplos:

Él es mi hermano.	He is <u>my</u> brother.
A ella le gustan sus amigos.	She likes <u>your</u> (<u>his</u>, <u>her</u>, <u>their</u>) friends.
Su hermano está con sus primos.	<u>His</u> (<u>Your</u>, <u>Her</u>, <u>Their</u>) brother is with <u>his</u> (<u>your</u>, <u>her</u>, <u>their</u>) cousins.

Adjetivos demostrativos

Estas formas en inglés son **this** (*este/esta*) y **that** (*ese/esa/aquel/aquella*). El plural de **this** es **these** y el de **that** es **those**. Se usan estas formas para indicar alguna cosa o un objeto particular en un grupo. Por ejemplo:

este dedo	**this** finger	*estos dedos*	**these** fingers
esta mano	**this** hand	*estas manos*	**these** hands
ese anillo	**that** ring	*esos anillos*	**those** rings
esa playa	**that** beach	*esas playas*	**those** beaches
aquel hotel	**that** hotel	*aquellos hoteles*	**those** hotels
aquella ciudad	**that** city	*aquellas ciudades*	**those** cities

Diccionarios (precio estimado)

Collins Pocket Plus Diccionario Inglés/Español. Mexico D.F.,
    Mexico: Editorial Grijalbo, 1996 ($11.65).
Harper Collins Spanish English, English Spanish Dictionary.
    Mexico D.F., Mexico: Editorial Grijalbo, 1992 ($5.99).
Larousse Diccionario Compacto Español-Inglés, Inglés-Español.
    París: Larousse-Bordas, 1999 ($10.95).
Vox Spanish and English School Dictionary. Lincolnwood, Ill.:
    NTC Publishing Group, 1996 ($8.95).

Paginas del Internet

(Note que estas direciones pueden cambiar sin aviso.)
http://eleaston.com
Tienen muchas conexiones de ESL.

http://www.lingolex.com/espan.htm
Vea página para aprender inglés.

http://www.study.com/students.html
Hable con otros estudiantes de inglés.

http://englishtown.com/Spanish/
Hay juegos para aprender inglés y mucho más.

http://www.tesol.net/esloop
Colección de sitios para aprender ingles.

Glosario español-inglés

0	zero
1	one
2	two
3	three
4	four
5	five
6	six
7	seven
8	eight
9	nine
10	ten
11	eleven
12	twelve
13	thirteen
14	fourteen
15	fifteen
16	sixteen
17	seventeen
18	eighteen
19	nineteen
20	twenty
30	thirty
40	forty

50	fifty
60	sixty
70	seventy
80	eighty
90	ninety
100	one hundred
1000	one thousand
a la parrilla	broiled
abajo	down
abdomen	abdomen
abierto	open
abogado	lawyer
abrelatas	can opener
abrigo	coat
abril	April
abuela	grandmother
abuelo	grandfather
aceite	oil
adentro	into
¿adónde?	where to?
adultos	adults
aeropuerto	airport
agosto	August
agua	water
agudo	sharp
ahora	now
al extranjero	abroad
al vapor	steamed (cooking)
alcalde	mayor
Alemania	Germany
algo	something

alguno	some
alicates	pliers
allí	there
almacén	department store
almohada	pillow
alquilar	to rent
alrededor de	around
alto	high
amar	to love
amarillo	yellow
ambos	both
amigo	friend
anaranjado	orange (color)
andar	to walk
andén	platform
año	year
antes	before
apartamento	apartment
apellido	last name
aperitivos	appetizers
aprender	to learn
aquí	here
arreglar	to repair
arriba	up
arroyo	stream
artículo	article
asado	roasted
ascensor	elevator
asiento	seat
aspirinas	aspirin
atún	tuna

autobús	bus
autoservicio	self-service
avión	airplane
ayer	yesterday
ayudar	to help
azúcar	sugar
azul	blue
bahía	bay
bailar	to dance
bajo	low
banco	bank
baño	toilet; bathroom
barco	boat; ship
barquillo	cone (ice-cream)
basta	enough
basura	garbage
bata	bathrobe
batería	battery
bebida	drink
biblioteca	library
bicicleta	bicycle
billete	ticket
biología	biology
bistec	steak
blanco	white
blando	soft
blusa	blouse
boca	mouth
bolsa	purse
borbón	bourbon

borrego	lamb
botella	bottle
bragas	panties
brazo	arm
bueno	good
buzón	mailbox
caballo	horse
cabeza	head
cada	each
café	café; coffee; brown
caí	I fell
caja	check-out
calcetines	socks
caliente	hot
calle	street
cama	bed
cámara	camera
cambiar	to change
camión	truck
camisa	shirt
camiseta	T-shirt
camisón	nightgown
Canadá	Canada
canción	song
cara	face
cargador	porter
carne	meat
carne de res	beef
carnicería	butcher (shop)
caro	expensive

carrera	race
carretera	highway
carta	letter
cartera	wallet
casa	house
casado	married
caseta	cottage
catarro	cold
catre	cot
cena	dinner
cenicero	ashtray
cerca	near
cerezas	cherries
cerillas	matches (fire)
cerrado	closed
champaña	champagne
chaqueta	jacket
cheque	check
chícharos	peas
chicle	chewing gum
China	China
chocolate	chocolate
chuletas	pork chops
cigarrillo	cigarette
cine	movie
cinturón	belt
ciruelas	plums
cita	appointment, date
ciudad	town, city
clarinete	clarinet
claro	of course

clases	lessons
clavos	nails
clérigo	clergyman
clima	weather
cobija	blanket
cobrar	to charge
coche	car
cocina	kitchen, cooking
codo	elbow
cola	glue
colina	hill
come	you eat
comedor	dining room
comemos	we eat
comen	they eat
comer	to eat
comerciante	merchant
comí	I ate
comida	lunch
comieron	they ate
comimos	we ate
comió	you ate
como	I eat
como	as
cómoda	dresser
compañía	company
compramos	we buy; we bought
comprar	to buy
compraron	they bought
compré	I bought
compró	you bought

con fiebre	feverish
con hielo	with ice
concejal	councilman
conejo	rabbit
congelados	frozen foods
conoce	you know
conocemos	we know
conocen	they know
conozco	I know
contador	accountant
contestar	to answer
contigo	with you
corazón	heart
cordero	lamb
correo	post office; mail
corrida de toros	bullfight
corto	short
cosa	thing
creer	to believe
cruce	crossroads
¿cuál?	what?; which?
¿cuándo?	when?
¿cuánto?	how much?
¿cuántos?	how many?
cuarto	room
cuchara	spoon
cuchillo	knife
cuello	neck
cuenta	bill
cuidado	care

dar	to give
de nada	you're welcome
débil	weak
decir	to say
dedo	finger
demasiado	too much
dentadura	dentures
dentista	dentist
dependiente	clerk
deportes	sports
depósito	deposit
derecha/o	right
desayuno	breakfast
desodorante	deodorant
despacio	slowly
despejado	clear
después de	after
destornillador	screwdriver
desvío	detour
di	I gave
día	day
diarrea	diarrhea
diciembre	December
diente	tooth
dieta	diet
diferente	different
digo	I say
dije	I said
dinero	money
Dios	God

dirección	address
director	manager
dolor	pain
domingo	Sunday
¿dónde?	where?
dormir	to sleep
doy	I give
ducha	shower
dulce	sweet
durante	during
duraznos	peaches
duro	hard
ejemplo	example
electricidad	electricity
elefante	elephant
embarazada	pregnant
empaste	filling (tooth)
empleo	job
empuje	push
en	in
encontrar	to find
enero	January
enfermero	nurse
enfermo	ill
ensalada	salad
enseñar	to teach
entrada	entrance
entrar	to enter
enviar	to send
equipaje	luggage

equipo	equipment
es	he/she/it is
escalera	stairway
escoba	broom
escríbalo	write it down
escuchar	to listen
escuela	school
espalda	back
España	Spain
espárragos	asparagus
espejo	mirror
esperar	to wait
espinaca	spinach
esposa	wife
está	he/she/it/you are
está bien	that's good
estacionar	to park
Estados Unidos	United States
estamos	we are
estampilla	stamp
están	they/you (plural) are
estar	to be
estómago	stomach
estoy	I am
estreñimiento	constipation
estudiante	student
¡estupendo!	great!
estuve	I was
estuvieron	they were
estuvimos	we were
estuvo	you were

exacto	that's right
excusados	toilets
falda	skirt
falso	false
familia	family
farmacia	pharmacy
faros	lights (car)
favorito	favorite
febrero	February
fecha	date
feliz	happy
feo	ugly
fiambres	cold cuts
finca	farmhouse
firma	signature
física	physics
foco	light bulb
Francia	France
fregadero	sink
frenos	brakes
fresa	strawberry
frijoles	beans
frío	cold
frito	fried
frutería	produce market
fue	he/she/it/you went
fuera	out, outside
fueron	they went
fuerte	strong
fui	I went

fuimos	we went
fumar	to smoke
fútbol	soccer
galletas	biscuits
garganta	throat
gasolinera	gas station
gato	cat
gente	people
gobernador	governor
gobierno	government
gorro	cap
gracias	thank you
grande	big
grasa	fat (noun)
gripe	flu
gris	gray
guía	guidebook
guitarra	guitar
habitación	room
hablé	I spoke
hambre	hunger
hasta	until
hay	there is, there are
hecho	fact
heladería	ice-cream parlor
helado	ice cream
hermana	sister
hermano	brother
herramientas	tools

hice	I made
hicieron	they/you (plural) made
hicimos	we made
hígado	liver
hija	daughter
hijo	son
hizo	he/she/it/you made
¡hola!	hello
hombre	man
hombro	shoulder
hora	hour
horario	timetable
hospital	hospital
hotel	hotel
hoy	today
hueso	bone
huevo	egg
idea	idea
iglesia	church
impermeable	raincoat
ingeniero	engineer
Inglaterra	England
invierno	winter
ir	to go
isla	island
Italia	Italy
izquierda	left
jabón	soap
jamón	ham

Japón	Japan
jazz	jazz
joyas	jewelry
juego	game
jueves	Thursday
juez	judge
jugo	juice
julio	July
junio	June
kilómetro	kilometer
labios	lips
lago	lake
lámpara	lamp
lápiz	pencil
largo	long
lavadora	washer
lavandería	laundry
leche	milk
lechuga	lettuce
leer	to read
legumbres	vegetables
lejos	far
lengua	tongue
lentes obscuros	sunglasses
lento	slow
león	lion
levantarse	to get up
leve	slight
libro	book

licencia	license
limpio	clean
lindo	pretty
línea	line
llamada	call
llantas	tires
llave	key
llegada	arrival
lleno	full
lluvia	rain
lo siento	I'm sorry
local	local
lugar	place
lunes	Monday
madre	mother
maestro	teacher
maíz	corn
maleta	suitcase
malo	bad
mañana	morning
mandíbula	jaw
mano	hand
mantequería	delicatessen
mantequilla	butter
manzanas	apples
mapa	map
mar	sea
mareado	dizzy
marido	husband
mariscos	seafood

martes	Tuesday
martillo	hammer
marzo	March
más	more
más barato	cheaper
más grande	larger
más pequeño	smaller
matemáticas	mathematics
mayo	May
mecánico	mechanic
medianoche	midnight
medias	stockings
medicina	medicine
médico	doctor
mediodía	noon
mejor	better
memoria	memory
menos	less
mensaje	message
mercado	market
mermelada	jam
mes	month
mesa	table
metro	subway; meter
México	Mexico
mientras	while
miércoles	Wednesday
milla	mile
ministro	minister
minuto	minute
mirar	to look

mismo	same
mojado	wet
monja	nun
mono	monkey
montaña	mountain
mostrar	to show
motocicleta	motorcycle
muchos	many
museo	museum
música	music
muy	very
nación	nation
nadar	to swim
naranjada	orangeade
naranjas	oranges
nariz	nose
natillas	custard
necesitar	to need
negocio	business
negro	black
nieve	snow
niños	children
noche	night
nombre	first name
novela	novel
noviembre	November
novio	boyfriend
nublado	cloudy
nuevo	new
nunca	never

o	or
obrero	laborer
obtener	to get
océano	ocean
octubre	October
oído	hearing
ojo	eye
oreja	ear
oso	bear
otoño	autumn
otra vez	again
otro	other
padre	father
palabra	word
pan	bread
panadería	bakery
pantalones	pants
pantalones de mezclilla	jeans
papas	potatoes
papel del baño	toilet paper
parada	stop
paraguas	umbrella
parientes	relatives
parque	park
parte	part
pasado	last
¡pase!	come in!
paseo	walk
pasillo	hall
pasta de dientes	toothpaste

pastas	pastries
pastel	cake
pavo	turkey
peaje	toll
peatón	pedestrian
pecho	chest, breast
pedazo	piece
pedir	to request
pegamento	glue
peligro	danger
pelo	hair
peluquería	barber shop, hairdresser
peluquero	barber
pensamos	we think
pequeño	small
peras	pears
perder	to lose
perdone	excuse me
periódico	newspaper
perro	dog
pesca	fishing
pescado	fish
piano	piano
picadura	sting
pie	foot
piel	skin
piensa	he/she/it/you think
piensan	they/you (plural) think
pienso	I think
píldoras	pills
piscina	swimming pool

plancha	iron (clothes)
plátanos	bananas
plato	plate
playa	beach
pluma	pen
pobre	poor
pocos	few
podemos	we can
pollo	chicken
polvoriento	dusty
ponche	punch
poner	to put
pongo	I put (present tense)
por	by
por favor	please
¿por qué?	why?
porque	because
postre	dessert
precaución	caution
precio	cost
preferimos	we prefer
prefiere	he/she/it/you prefer
prefieren	they/you (plural) prefer
prefiero	I prefer
pregunta	question
preguntar	to ask
primavera	spring
primero	first
primo	cousin
privado	private
problema	problem

próximo	next
psicología	psychology
pude	I could
pudieron	they/you (plural) could
pudimos	we could
pudo	he/she/it/you could
puede	he/she/it/you can
pueden	they/you (plural) can
puedo	I can
puerco	pork
puerta	door
pulmón	lung
pulsera	bracelet
puse	I put
¿qué?	what?
quemadura	burn
queremos	we want
querer	to want
queso	cheese
quien	who (whom)
quiere	he/she/it/you want
quieren	they/you (plural) want
quiero	I want
quijada	jaw
química	chemistry
quise	I wanted
quisieron	they/you (plural) wanted
quisimos	we wanted
quiso	he/she/it/you wanted
quizás	maybe

rabí	rabbi
rápido	fast
ratón	mouse
realmente	really
recámara	bedroom
recibo	receipt
refrigerador	refrigerator
regadera	shower
regla	ruler
repita eso	repeat that
respuesta	answer
restaurante	restaurant
retener	to keep
revista	magazine
rico	rich
riñón	kidney
río	river
robar	to steal
rodilla	knee
rojo	red
rosa	pink
Rusia	Russia
sábado	Saturday
sabe	he/she/it knows, you know
sabemos	we know
saben	they/you (plural) know
sacerdote	priest
sal	salt
sala	living room
salchicha	sausage

salida	exit; departure
salsa	sauce
sandwich	sandwich
sangre	blood
sartén	frying pan
sé	I know
seco	dry
sed	thirst
segundo	second
seguro	insurance
semáforo	traffic light
semana	week
senador	senator
sentar	to sit
sentir	to feel
septiembre	September
servilleta	napkin
servir	to serve
si	if
sí	yes
siempre	always
sierra	saw
silla	chair
sin	without
sinfonía	symphony
sobres	envelopes
sobrino	nephew
sociedad	society
soda	soda
sofá	couch
soleado	sunny

solo	only
soltero	single
sombrero	hat
somos	we are
son	they/you (plural) are
sopa	soup
sostenes	bras
soy	I am
suave	soft
sucio	dirty
suelo	floor
taladro	drill
talón	heel
tambor	drum
tarde	afternoon
tarjetas postales	postcards
taxi	taxi
té	tea
techo	roof
teléfono	telephone
telegrama	telegram
tenedor	fork
tenemos	we have
tengo	I have
tercero	third
ternera	veal
tía	aunt
tienda	store
tiene	he/she/it has; you have
tienen	they/you (plural) have

tigre	tiger
tintorería	dry cleaner
tío	uncle
toalla	towel
tobillo	ankle
tocino	bacon
todo	everything
todo derecho	straight ahead/on
toma	he/she/it takes, you take
tomamos	we take
toman	they/you (plural) take
tomar	to take
tomates	tomatoes
tomo	I take
torcedura	sprain
tormenta	storm
tornillos	screws
toronja	grapefruit
tos	cough
trabajar	to work
trae	he/she/it brings, you bring
traemos	we bring
traen	they/you (plural) bring
traer	to bring
traigo	I bring
traje	suit
tranquilo	quiet
tranvía	streetcar
tratar	to try
tren	train
triste	sad

tuve	I had
tuvieron	they/you (plural) had
tuvimos	we had
tuvo	he/she/it/you had
uña	fingernail
universidad	college, university
usar	to use
uvas	grapes
va	you go
vaca	cow
vacaciones	vacation
vainilla	vanilla
valle	valley
vamos	we go
van	they/you (plural) go
varios	several
vaso	glass
velero	sailboat
venda	bandage
vendedor	salesman
vender	to sell
vengo	I come
venimos	we come
venir	to come
venta	sale
ventana	window
veo	I see
ver	to see
verano	summer

verdadero	true
verde	green
vestido	dress
vi	I saw
viaje	trip
vida	life
viejo	old
viene	he/she/it comes; you come
vienen	they/you (plural) come
viento	wind
viernes	Friday
vine	I came
vinieron	they/you (plural) came
vinimos	we came
vino	wine
vino	he/she/it/you came
violín	violin
vive	he/she/it lives; you live
viven	they/you (plural) live
vivimos	we live
vivo	I live
vodka	vodka
voy	I go
whisky escocés	scotch
yate	yacht
zanahorias	carrots

Glosario inglés-español

zero	0
one	1
two	2
three	3
four	4
five	5
six	6
seven	7
eight	8
nine	9
ten	10
eleven	11
twelve	12
thirteen	13
fourteen	14
fifteen	15
sixteen	16
seventeen	17
eighteen	18
nineteen	19
twenty	20
thirty	30
forty	40

fifty	50
sixty	60
seventy	70
eighty	80
ninety	90
one hundred	100
one thousand	1000
abdomen	abdomen
abroad	al extranjero
accountant	contador
address	dirección
adults	adultos
after	después de
afternoon	tarde
again	otra vez
airplane	avión
airport	aeropuerto
always	siempre
ankle	tobillo
answer	respuesta
apartment	apartamento
appetizers	aperitivos
apples	manzanas
appointment	cita
April	abril
arm	brazo
around	alrededor de
arrival	llegada
article	artículo
as	como

ashtray	cenicero
asparagus	espárragos
aspirin	aspirinas
August	agosto
aunt	tía
autumn	otoño
back	espalda
bacon	tocino
bad	malo
bakery	panadería
bananas	plátanos
bandage	venda
bank	banco
barber	peluquero, barbero
bathrobe	bata
bathroom	baño
battery	batería
bay	bahía
beach	playa
beans	frijoles
bear	oso
because	porque
bed	cama
bedroom	recámara
beef	carne de res
before	antes
belt	cinturón
better	mejor
bicycle	bicicleta

big	grande
bill	cuenta
biology	biología
biscuits	galletas
black	negro
blanket	cobija
blood	sangre
blouse	blusa
blue	azul
boat	barco
bone	hueso
book	libro
both	ambos
bottle	botella
bourbon	borbón
boyfriend	novio
bracelet	pulsera
brakes	frenos
bras	sostenes
bread	pan
breakfast	desayuno
broiled	a la parrilla
broom	escoba
brother	hermano
brown	café
bullfight	corrida de toros
burn	quemadura
bus	autobús
business	negocio
butcher (shop)	carnicería

butter	mantequilla
by	por
café	café
cake	pastel
call	llamada
camera	cámara
can opener	abrelatas
Canada	Canadá
cap	gorro
car	coche
care	cuidado
carrots	zanahorias
cat	gato
caution	precaución
chair	silla
champagne	champaña
cheaper	más barato
check	cheque
check-out	caja
cheese	queso
chemistry	química
cherries	cerezas
chest	pecho
chewing gum	chicle
chicken	pollo
children	niños
China	China
chocolate	chocolate
church	iglesia

cigarette	cigarrillo
clarinet	clarinete
clean	limpio
clear	despejado
clergyman	clérigo
clerk	dependiente
closed	cerrado
cloudy	nublado
coat	abrigo
coffee	café
cold (illness)	catarro
cold (temperature)	frío
cold cuts	fiambres
college	universidad
come in!	¡pase!
company	compañía
cone (ice cream)	barquillo
constipation	estreñimiento
corn	maíz
cost	precio
cot	catre
cottage	caseta
couch	sofá
cough	tos
councilman	concejal
cousin	primo
cow	vaca
crossroads	cruce
custard	natillas
danger	peligro
date (time)	fecha

daughter	hija
day	día
December	diciembre
delicatessen	mantequería
dentist	dentista
dentures	dentadura
deodorant	desodorante
department store	almacén
departure	salida
deposit	depósito
dessert	postre
detour	desvío
diarrhea	diarrea
diet	dieta
different	diferente
dining room	comedor
dinner	cena
dirty	sucio
dizzy	mareado
doctor	médico
dog	perro
door	puerta
down	abajo
dress	vestido
dresser (furniture)	cómoda
drill	taladro
drink (noun)	bebida
drum	tambor
dry	seco
dry cleaner	tintorería
during	durante
dusty	polvoriento

each	cada
ear	oreja; oído
egg	huevo
eight	8
eighteen	18
eighty	80
elbow	codo
electricity	electricidad
elephant	elefante
elevator	ascensor
eleven	11
engineer	ingeniero
England	Inglaterra
enough	basta
entrance	entrada
envelopes	sobres
equipment	equipo
everything	todo
example	ejemplo
excuse me	perdone
exit	salida
expensive	caro
eye	ojo
face	cara
fact	hecho
false	falso
family	familia
far	lejos
farmhouse	finca
fast	rápido
fat (noun)	grasa

father	padre
favorite	favorito
February	febrero
feverish	con fiebre
few	pocos
fifteen	15
fifty	50
filling (tooth)	empaste
finger	dedo
fingernail	uña
first	primero
first name	nombre
fish	pescado
fishing	pesca
five	5
floor	suelo
flu	gripe
foot	pie
fork	tenedor
forty	40
four	4
fourteen	14
France	Francia
Friday	viernes
fried	frito
friend	amigo
frozen foods	congelados
frying pan	sartén
full	lleno
game	juego
garbage	basura

gas station	gasolinera
Germany	Alemania
glass	vaso
glue	cola, pegamento
God	Dios
good	bueno
government	gobierno
governor	gobernador
grandfather	abuelo
grandmother	abuela
grapefruit	toronja
grapes	uvas
gray	gris
great!	¡estupendo!
green	verde
guidebook	guía
guitar	guitarra
hair	pelo
hall	pasillo
ham	jamón
hammer	martillo
hand	mano
happy	feliz
hard	duro
hat	sombrero
he is	es
head	cabeza
headlights	faros
heart	corazón
heel	talón

hello	¡hola!
here	aquí
high	alto
highway	carretera
hill	colina
horse	caballo
hospital	hospital
hot	caliente
hotel	hotel
hour	hora
house	casa
how many?	¿cuántos?
how much?	¿cuánto?
hundred, one hundred	100
hunger	hambre
husband	marido
I am	estoy; soy
I ate	comí
I bought	compré
I bring	traigo
I came	vine
I can	puedo
I come	vengo
I could	pude
I eat	como
I fell	caí
I gave	di
I give	doy
I go	voy
I had	tuve

I have	tengo
I know	conozco; sé
I live	vivo
I made	hice
I prefer	prefiero
I put (present tense)	pongo
I put (past tense)	puse
I said	dije
I saw	vi
I say	digo
I see	veo
I spoke	hablé
I take	tomo
I think	pienso
I want	quiero
I wanted	quise
I was	estuve
I went	fui
ice cream	helado
ice cream cone	barquillo
ice-cream parlor	heladería
idea	idea
if	si
ill	enfermo
I'm sorry	lo siento
in	en
insurance	seguro
into	adentro
iron (clothes)	plancha
island	isla
Italy	Italia

jacket	chaqueta
jam	mermelada
January	enero
Japan	Japón
jaw	mandíbula, quijada
jazz	jazz
jeans	pantalones de mezclilla
jewelry	joyas
job	empleo
judge	juez
juice	jugo
July	julio
June	junio
key	llave
kidney	riñón
kilometer	kilómetro
kitchen	cocina
knee	rodilla
knife	cuchillo
laborer	obrero
lake	lago
lamb	borrego, cordero
lamp	lámpara
larger	más grande
last	pasado
last name	apellido
laundry	lavandería
lawyer	abogado
left	izquierda

less	menos
lessons	clases
letter	carta
lettuce	lechuga
library	biblioteca
license	licencia
life	vida
light bulb	foco
lights (car)	faros
line	línea
lion	león
lips	labios
liver	hígado
living room	sala
local	local
long	largo
low	bajo
luggage	equipaje
lunch	comida
lung	pulmón
magazine	revista
mail	correo
mailbox	buzón
man	hombre
manager	director
many	muchos
map	mapa
March	marzo
market	mercado
married	casado

matches (fire)	cerillas
mathematics	matemáticas
May	mayo
maybe	quizás
mayor	alcalde
meat	carne
mechanic	mecánico
medicine	medicina
memory	memoria
merchant	comerciante
message	mensaje
meter	metro
Mexico	México
midnight	medianoche
mile	milla
milk	leche
minister	ministro
minute	minuto
mirror	espejo
Monday	lunes
money	dinero
monkey	mono
month	mes
more	más
morning	mañana
mother	madre
motorcycle	motocicleta
mountain	montaña
mouse	ratón
mouth	boca
movie	cine

museum	museo
music	música

nails	clavos
napkin	servilleta
nation	nación
near	cerca
neck	cuello
nephew	sobrino
never	nunca
new	nuevo
newspaper	periódico
next	próximo
night	noche
nightgown	camisón
nine	9
nineteen	19
ninety	90
noon	mediodía
nose	nariz
novel	novela
November	noviembre
now	ahora
nun	monja
nurse	enfermero

ocean	océano
October	octubre
of course	claro
oil	aceite

old	viejo
one	1
one hundred	100
one thousand	1000
only	sólo
open	abierto
or	o
orange	anaranjado
orangeade	naranjada
oranges	naranjas
other	otro
out	fuera
pain	dolor
panties	bragas
pants	pantalones
park	parque
part	parte
pastries	pastas
peaches	duraznos
pears	peras
peas	chícharos
pedestrian	peatón
pen	pluma
pencil	lápiz
people	gente
pharmacy	farmacia
physics	física
piano	piano
piece	pedazo

pillow	almohada
pills	píldoras
pink	rosa
place	lugar
plate	plato
platform	andén
please	por favor
pliers	alicates
plums	ciruelas
poor	pobre
pork	puerco
pork chops	chuletas
porter	cargador, conserje
post office	correo
postcards	tarjetas postales
potatoes	papas
pregnant	embarazada
pretty	lindo
priest	sacerdote
private	privado
problem	problema
produce market	frutería
psychology	psicología
punch	ponche
purse	bolsa
push	empuje
question	pregunta
quiet	tranquilo
rabbi	rabí
rabbit	conejo

race	carrera
rain	lluvia
raincoat	impermeable
receipt	recibo
red	rojo
refrigerator	refrigerador
relatives	parientes
repeat that	repita eso
restaurant	restaurante
rich	rico
right	derecha
river	río
roasted	asado
roof	techo
room	cuarto, habitación
ruler	regla
Russia	Rusia
sad	triste
sailboat	velero
salad	ensalada
sale	venta
salesman	vendedor
salt	sal
same	mismo
sandwich	sandwich
Saturday	sábado
sauce	salsa
sausage	salchicha
saw (tool)	sierra
school	escuela
scotch	whisky escocés

screwdriver (tool)	destornillador
screws	tornillos
sea	mar
seafood	mariscos
seat	asiento
second	segundo
self-service	autoservicio
senator	senador
September	septiembre
seven	7
seventeen	17
seventy	70
several	varios
sharp	agudo
ship	barco
shirt	camisa
short	corto
shoulder	hombro
shower	ducha, regadera
signature	firma
single (not married)	soltero
sink	fregadero
sister	hermana
six	6
sixteen	16
sixty	60
skin	piel
skirt	falda
slight	leve
slow	lento
slowly	despacio

small	pequeño
smaller	más pequeño
snow	nieve
soap	jabón
soccer	fútbol
society	sociedad
socks	calcetines
soda	soda
soft	blando; suave
some	alguno
something	algo
son	hijo
song	canción
soup	sopa
Spain	España
spinach	espinaca
spoon	cuchara
sports	deportes
sprain	torcedura
spring (season)	primavera
stairway	escalera
stamp	estampilla
steak	bistec
steamed (cooking)	al vapor
sting	picadura
stockings	medias
stomach	estómago
stop	parada
store	tienda
storm	tormenta
straight ahead	derecho, todo derecho

strawberry	fresa
stream	arroyo
street	calle
streetcar	tranvía
strong	fuerte
student	estudiante
subway	metro
sugar	azúcar
suit	traje
suitcase	maleta
summer	verano
Sunday	domingo
sunglasses	lentes obscuros
sunny	soleado
sweet	dulce
swimming pool	piscina
symphony	sinfonía
table	mesa
taxi	taxi
tea	té
teacher	maestro
telegram	telegrama
telephone	teléfono
ten	10
thank you	gracias
that's good	está bien
that's right	exacto
there	allí
there is (are)	hay

they are	están
they are	son
they ate	comieron
they bought	compraron
they bring	traen
they came	vinieron
they can	pueden
they come	vienen
they could	pudieron
they eat	comen
they go	van
they had	tuvieron
they have	tienen
they know	conocen
they know	saben
they live	viven
they made	hicieron
they prefer	prefieren
they take	toman
they think	piensan
they want	quieren
they wanted	quisieron
they went	fueron
they were	estuvieron
thing	cosa
third	tercero
thirst	sed
thirteen	13
thirty	30
thousand, one thousand	1000

three	3
throat	garganta
Thursday	jueves
ticket	billete
tiger	tigre
timetable	horario
tires	llantas
to answer	contestar
to ask	preguntar
to be	estar; ser
to believe	creer
to bring	traer
to buy	comprar
to change	cambiar
to charge	cobrar
to come	venir
to dance	bailar
to eat	comer
to enter	entrar
to feel	sentir
to find	encontrar
to get	obtener
to get up	levantarse
to give	dar
to go	ir
to help	ayudar
to keep	retener
to learn	aprender
to listen	escuchar
to look	mirar
to lose	perder

to love	amar
to need	necesitar
to park	estacionar
to put	poner
to read	leer
to rent	alquilar
to repair	arreglar
to request	pedir
to say	decir
to see	ver
to sell	vender
to send	enviar
to serve	servir
to show	mostrar
to sit	sentar
to sleep	dormir
to smoke	fumar
to steal	robar
to swim	nadar
to take	tomar
to teach	enseñar
to try	tratar
to use	usar
to wait	esperar
to walk	andar
to want	querer
to work	trabajar
today	hoy
toilet	baño
toilet paper	papel del baño
toilets	excusados

toll	peaje
tomatoes	tomates
tongue	lengua
too much	demasiado
tools	herramientas
tooth	diente
toothpaste	pasta de dientes
towel	toalla
town	ciudad
traffic light	semáforo
train	tren
trip	viaje
truck	camión
true	verdadero
T-shirt	camiseta
Tuesday	martes
tuna	atún
turkey	pavo
twelve	12
twenty	20
two	2
ugly	feo
umbrella	paraguas
uncle	tío
United States	Estados Unidos
until	hasta
up	arriba
vacation	vacaciones
valley	valle

vanilla	vainilla
veal	ternera
vegetables	legumbres
very	muy
violin	violín
vodka	vodka
walk	paseo
wallet	cartera
washer	lavadora
water	agua
we are	estamos
we are	somos
we ate	comimos
we bought	compramos
we bring	traemos
we came	vinimos
we can	podemos
we come	venimos
we could	pudimos
we eat	comemos
we go	vamos
we had	tuvimos
we have	tenemos
we know	conocemos; sabemos
we live	vivimos
we made	hicimos
we prefer	preferimos
we take	tomamos
we think	pensamos
we want	queremos

we wanted	quisimos
we went	fuimos
we were	estuvimos; fuimos
weak	débil
weather	clima
Wednesday	miércoles
week	semana
wet	mojado
what?	¿qué?
which?	¿cuál?
when?	¿cuándo?
where to?	¿adónde?
where?	¿dónde?
while	mientras
white	blanco
who	quien
why?	¿por qué?
wife	esposa
wind	viento
window	ventana
wine	vino
winter	invierno
with ice	con hielo
with you	contigo
without	sin
word	palabra
write it down	escríbalo
yacht	yate
year	año
yellow	amarillo

yes	sí
yesterday	ayer
you are	está
you ate	comió
you bought	compró
you bring	trae
you came	vino
you can	puede
you come	viene
you could	pudo
you eat	come
you go	va
you had	tuvo
you have	tiene
you know	conoce; sabe
you live	vive
you made	hizo
you prefer	prefiere
you take	toma
you think	piensa
you want	quiere
you wanted	quiso
you went	fue
you were	estuvo
you're welcome	de nada
zero	0